お金だけでは計れない価値をつくりだす企業 2

武井則夫 監修

ダイヤモンド社

まえがき

価値をもっている企業は継続する。
価値を活用する企業は成長する。
企業価値協会の認定企業各社に当てはまることではありますが、本書掲載の13社をみて改めてその思いを強くしています。

私は「自社が提供できて、他社が提供できなくて、お客様や社会が必要とする価値」を特徴的価値と名付け、企業の個性として認識して経営することを推進したいと、企業価値協会を発案しました。

認定企業に選ばせていただいた企業は、分野も業種も規模もさまざまですが、素晴らしい独自の特徴的価値をもって、事業を推進しておられます。特徴的価値をもたない企業はありません。ただ、それを正しく認識し、内外に伝え、企業の成長に生かしているか否かの違いです。

中小企業経営が継続していくためには企業価値も進化が必要であり、それには広い視野で他社や他業界の優れた取り組みに眼を向け、学び、取り入れ、進化させる努力が求められます。それを、自分たちの強みに加えていくプロセスを繰り返していくことこそが、企業の発展です。

よりお客様に喜ばれ、より社会に認められるように、社会的価値の提供を推進し、その結果として経済的価値が得られるという好循環の企業経営を進めるために、自社の特徴的価値を認識し、他社との違い、独自性を大切にしていただきたいのです。

今回掲載された企業価値協会認定企業13社をご覧いただければ、特徴的企業価値は、その企業の思想を源として創造されてきたものであることがおわかりいただけます。何のためにこの事業をやっているのか、誰を幸福にするためなのか、特徴的価値は企業の原点です。これから就職や転職を考える方には参考になるでしょう。「特徴的価値なら我が社にもある」と気づいてその活用を始める方を勇気づけると思います。

自社の「違」を知り、それを社内外に伝え、価値を認めてもらって選んでいただき、永く繁栄する道筋の付け方については、後半に持論を記すスペースをいただきました。併せてご参考いただければ幸いです。

２０２０年３月

武井則夫

お金だけでは計れない価値をつくりだす企業2

目次

最高級カシミヤニットはmade in北上
美しい環境と人の心をアピールする
ブランド戦略

株式会社ユーティーオー

UTO Co., Ltd.

事業内容

カシミヤニット企画・製造・販売

企業価値

1）100％カシミヤニット製品に特化。原料は世界トップクラス、企画・製造・販売を日本国内で一貫して行い、グレードの高さを追求して他の追随を許さない。

2）国内初、ニット製品のオーダーメードを開始。つくりながら売る、売りながらつくることにより、適量生産、適量販売を実現。

3）ふるさと納税返礼品で岩手県１位に。東日本大震災被災者支援等の貢献活動も継続。

4）真摯なものづくりが自慢の自社工場と職人たち。水と緑に包まれた岩手県北上市を、最高級カシミヤ製品の世界有数の産地にするという目標を掲げて、さらなるブランド化を推進。

カシミヤニットを自社ウェブサイトで直売

「UTO CASHMERE」は、カシミヤニットの企画・製造・販売を一貫して行う株式会社ユーティーオー（UTO）のブランド。UTOの「オンラインショップ」を開くとレディースとメンズに分かれて、セーター、カーディガン、ワンピース、ベスト、ジャケットの画像が並んでいる。それぞれデザイン、色、編み方、サイズを選択して購入する仕組みだ。着丈と袖丈は調整もできる。

価格帯は一枚5万～20万円。ユーティーオーの代表取締役・宇土寿和《うととしかず》氏は言う。

「高価なものを触ることもせずに買う人がいるのか？と疑問視されましたが、ネット直販しかなかったのです。日本製の最高級カシミヤニット製品をつくりたいという、ぼくの思いからスタートした事業ですが、長い間、ブティックや百貨店への卸、ヨーロッパブランドなどのOEMがメインでした。一枚ずつつくる高価格商品ですから、取引先

株式会社ユーティーオー代表取締役・宇土寿和氏

も増やせないし、発注がいつ途切れるかもしれない不安定な経営でした。2011年に岩手県北上市に製造拠点を移したときから、エンドユーザーに自分で売るしかないと思い、根性を出して、インターネット販売を始めることにしたのです」。

市販される洋服の7割は布帛（織物、生地）で、ニットは3割というファッション市場。そのなかでも日本製の最高級品となれば購買層は限られる。ウェブサイトを立ち上げ、宇土氏自ら健筆を振るって、カシミヤの品質、編み方、UTOのカシミヤニットの魅力をアピールすることに力を入れた。案ずるには及ばず、次第にアクセス件数も売れ行きも伸びていった。

「成功の一つは、難有り商品の割引販売です。従業員が修正痕を指さして完全品ではないと言う。ぼくが見てもまったくわからない、その修正部分を拡大して、難有り商品割引価格でサイトに上げたところ、たちまち売れ、アクセス数の増加にもつながりました。いさぎよい情報開示が信用を高めてくれたのです。『次はいつ出るんですか？』なんて問い合わせが来るので、それはわかりませんからサイトを毎日チェックしてください、と返信しています」(宇土氏)。

自社工場のある北上市のふるさと納税の返礼品になったことも大きかった。2015～2017年は3年連続2億円前後の寄付に貢献し、UTOも業績をあげた。

ニットは自分のために着るもの

「ぼくが思うには、布帛は社会に出ていくために着るもので、ニットは自分のために着るものなのです。勝負服は布帛が適している。ニットは私的な時間に着る心地よいウエア。また、若いうちはトレンドを追うけれど、そこを卒業したらグレードに移る。その、たどり着く先にグレードの高いカシミヤニットがあると思います。やわらかな風合いと体の動きについてくる着心地が魅力です」(宇土氏)。

グレードを求める購買層は増え、日本の美意識や職人技に価値を見出す傾向もある。品質のよさへのこだわりが強くなったことも追い風だ。たとえば「天使のストール®」は、これ以上のものはないといえるふんわりした肌触りのよさが人気を呼び、24色のバリエーションから2本目を購入する人も多い人気商品になっている。

「高級ブランド『日本製のカシミヤニット、UTO』を確立することがぼくの目標です。カシミヤは魅力的な素材にもかかわらずマイナーだから、極めれば世界でも勝てる可能性が高い。日本はカシミヤ原毛の産地ではないけれど、カシミヤニット製品で世界一になる」と宇土氏は静かに語る。

宇土氏がこうした考えをもつようになったのは、カシミヤニットに出会うまでのキャリアに関係している。長崎に生まれ

男性にも女性にも愛される「天使のストール®」

た宇土氏は、毎週、テレビで『兼高かおる世界の旅』を観て、世界に夢を馳せる少年だった。大手旅行会社に就職したものの新人に海外旅行企画の役割はなかなか巡ってこない。やっとの思いで海外旅行企画を一つ実現し、その自信を糧に、23歳で退社。舞台芸術関連の企業の別部門として立ち上げることになった旅行会社に参加する。１９７３年のことで、ようやく一般の人が団体ツアーで海外旅行に行くようになり始めた頃だ。新会社は、日本のアマチュア音楽グループに外国で演奏会を開く機会を提供するツアー旅行に特化した。ツアー開催のたびに困難はあったが、よい顧客も得た。

今も自らを「旅行屋」と言う宇土氏のもう一つの顔だ。自伝的小説として『頑張れ！大風呂敷旅行屋』（幻冬舎メディアコンサルティング、２０１６年刊）も著している。

話を戻すと、音楽ツアーは企画が春季・夏季に集中するので、冬季も成立するツアーとして景気のいいファッションビジネス界の人たちに、ロンドン・パリ・ミラノとブティックや工房を見て回るツアーを提供した。たちまちツアーが何本も成立した。１９７４年、宇土氏は訪れたパリで、ファッションデザイナー島田順子氏の言葉に衝撃を受ける。

「宇土さん、日本は重厚長大の工業が強いし、ものづくりで手堅く貿易することがいいことだと思っているけれど、フランスは違うのよ。農業やファッションやツーリズムなんかの評価がすごく高いのよ。日本じゃファッションや旅行業は水ものと思われている面があるけれど、ヨーロッパは全然そうじゃない。産業として確固たる評価を得ているし、優秀な人たちが集まっている。あなたも、もっとプライドをもっておやりなさい」。この言葉は、20代の宇土氏を勇気づけた。

もう一つ、宇土氏のビジネスポリシーに影響を与えたエピソードがある。音楽ツアーで交渉のあったオーストリアの公務員と親しくなったときのことだ。

「頼んだ書類を早くつくってほしいのに、子どもと遊ぶからと定時に帰ってしまってぼくを驚かせた男でしたが、彼にはそれが当たり前なのでした。あるとき、ぼくが、いいものを安く売るのが日本の強みだと言うと、『何を言っているんだ、いいものは高く売るのが当たり前だろう。きみたちがそういうことをするから、ぼくらが負けるんじゃないか。ちゃんと利益を取って勝負しないのは卑怯だよ』と言い返されたのです。残業をいとわないとか、いいものを安く、といった日本人の考え方は、ここでは受け入れられないのだと気づきました」(宇土氏)。

日本も先進国のやり方をしなくてはいけないこと、競争はコストよりクオリティですること、就労者の尊重は当然といったことを20代の「旅行屋」時代に感得したことは、宇土氏が若い頃から日本のビジネス界の一、二歩先を歩いてきたことを証している。

岩手県北上市へ工場移転

宇土氏がカシミヤと出会ったのは、ファッションツアーの顧客のニット企業に誘われ、転職してからだった。たちまちやわらかく美しいカシミヤに魅了され、1992年、41歳で独立して、東京・青山に事務所を構えた。2002年からはカシミヤニット専門に特化し、2005年に山梨県に工場をつくって、最高級のカシミヤニット製品の製造を始めた。高品質の製品は順調に売上を伸ばし、卸先も増えた。

ニットの品質を左右するのがリンキング。ＵＴＯのニットは成形編みといって、セーターの場合であれば前身頃・後身頃・右袖・左袖・衿の五つのパーツを別々に編む。五つのパーツをつなぎ合わせる作業がリンキングで、接合面のそれぞれの編地を一つ一つ目を刺し合わせる。ミシンで布地を縫い合わせることに比べると何倍もの熟練が必要な手仕事だ。

したがって、熟練を要するリンキング職人の確保は重要だ。ところが、山梨工場の近くには大手工業メーカーの工場があったこともあり、ニットのリンキングをしようという人材を得るのが大変だった。次第に編みあがったパーツばかりが積みあがっていき、いっこうに製品化できない状況に陥るようになっていった。零細ニットメーカーの資金繰りは苦しい時期が続いた。２０１１年３月11日に東日本大震災が起こったあとは、月の赤字が１００万円に達するに及んで、宇土氏は工場の閉鎖を決め、従業員の転職先も手当てした。

まさにそのとき、繊研新聞８月１日の記事で目にしたの

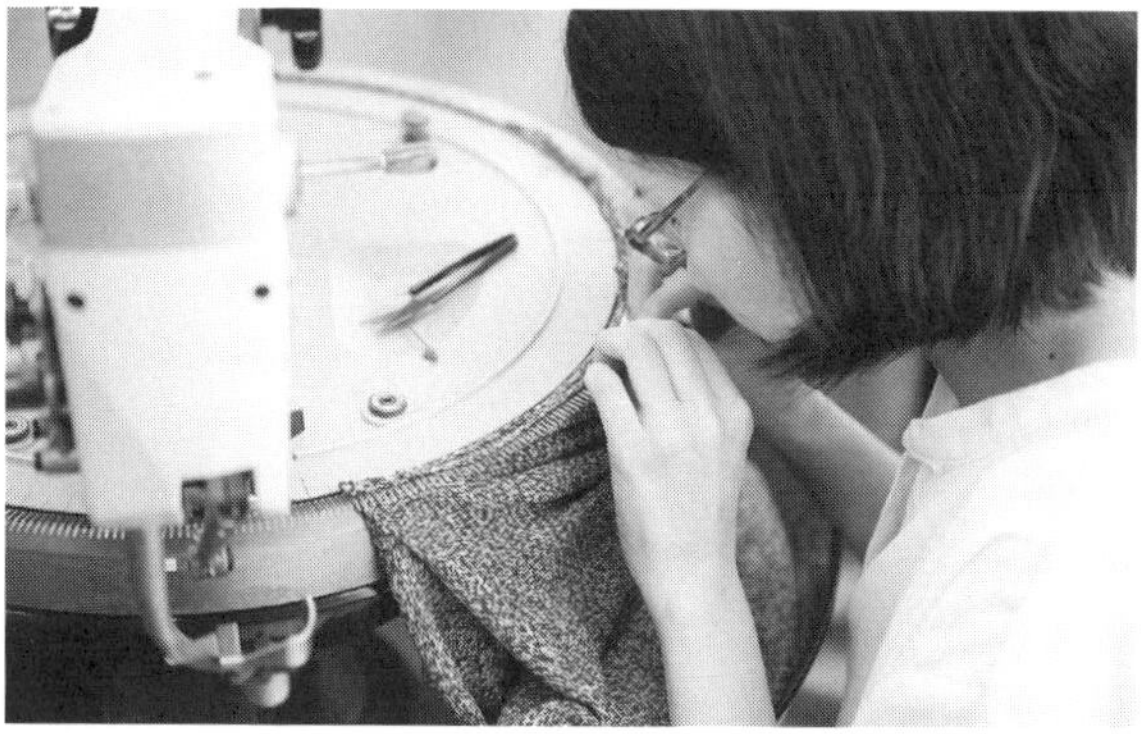

熟練の職人が丁寧にリンキングを行う

が、知り合いの岩手県のニット工場が閉鎖という記事だった。すぐにその社長に電話を入れて互いの話をするうち、従業員の転職先に話が及び、リンキングスタッフが新しい職場を探していると聞く。

宇土氏は考えるより先に岩手県北上市に駆けつけた。そして、廃業した社長の配慮で、リンキングの女性、プログラミングの女性、そして、それまで下請けで編みの作業場を営んでいた遠藤政治《まさじ》氏を紹介される。

宇土氏は、リンキングの女性に山梨に来る気はないかと打診したが、生まれ育った北上を離れたくないと言う。すると遠藤氏が、自分の作業場でやらせてもらえないだろうかと言い出した。

「二人のスタッフと、マネジャーの遠藤さん、そして20坪ほどではあるが作業場もある。山梨の規模の半分にも満たないが、ゼロになるところだったのだから十分だ。昨日まで閉鎖を覚悟していた工場を継続してみようと、帰りの新幹線で気持ちが決まりました。こうして、山梨工場の機械移設をはじめ、たくさんの方の助力をいただいて、北上の工場は生まれました」と宇土氏は振り返る。

見込みは的中し、2年後には工場を現在の地に移して約70坪に拡大した。3名からスタートした工場は、今では11名となり、北上を出たくないと言ったリンキングの名手は、結婚後もベテラン社員として若手を引っ張ってきた。

UTOのブランディング

ユーティーオーはみごとに復活し、2020年の売上は約1億5000万円が見込まれている。

岩手県北上市ではプログラミング・リンキング・仕上げの人材も安定している。青山のオフィスでは、デザインや広報の業務に取り組んでいる。今後はいっそうインターネット訴求が生かせる時代になることが予想され、見通しは明るい。

「日本製のカシミヤニット、UTO」のブランディング要素を、宇土氏は「きちんとしていること」だと言う。きちんとした仕事がユーザーから、そして社会から信頼を得ていくのだ、と。

「きちんとしている」第一は、カシミヤ100%はもちろん、世界最高クラスの原料であること。

カシミヤの原料はカシミヤ山羊のうぶ毛だ。生え変わる前の冬毛から梳《す》き採《と》り、山羊の表面を覆う剛毛の抜け毛や砂、ごみなどを取り除いて、細くて弾力のあるうぶ毛だけを集めて糸にする。100%カシミヤのセーターを一枚つくるのに2~3頭分のうぶ毛が必要だという。

うぶ毛を綿の状態で染色し、紡績される。日本の紡績技術は世界トップだ。UTOブランドにとっても、カシミヤ100%で、世界最高級というのが絶対的な要素だ

東京・青山では、新デザインやブランド戦略に試行を重ねる

から、糸の買い入れには常に神経を尖らせている。

第二は成形編み・リンキング仕上げ。

メインの編地は美しく細かい目が揃う12ゲージで編む。1インチ（約2・5センチ）の幅に12本の目を立てることでカシミヤニットのやわらかさとなめらかさが際立つ。

UTO商品は50〜60のデザインがあり、それぞれに色とサイズがある。そのすべてに昔でいえば型紙、今はプログラミングデータがあり、型ごと、サイズごとにラインが異なる。

その異なるラインの目を刺し合わせていくリンキングは自働化できない手仕事。日本製カシミヤニットUTOのブランド力を支えるポイントだ。

第三の「きちんと」は、カスタムオーダー。

ニットはプログラミングに基づいて一枚一枚編みあげる。1本の糸がループ状に連なるニットは、布帛の既製服のように完成品の丈を詰めたりウエストを出したりする「お直し」ができない。それもあって、ニットは伸び縮みするし少しだぶついても少しぴっちりしていても「まあこのくらいはいいか」ということになりがちだ。

しかし、せっかくのカシミヤニットなのだから、ぴったりのサイズで着心地よく着てもらいたい。そう考えた宇土氏は、小売店に卸していた2002年に、画期的なニットのカスタムオーダーのオーダー会を始めた。小売店の顧客を対象に受注会を開き、ここで顧客に色、デザイン、着丈、身幅、袖丈を選んでもらう。今はUTOの「オンラインショップ」で「カスタムオーダー・サービス」として提供している方法だ。サイトでは、サイズや色はもちろんデザインも、さまざまな角度からの写真を入れて明瞭に示されているので、顧客側にも製造側にも認識のずれが生じにくく使いやすい。決済は前払い。その点、小売店が代金を集金する受注会に比べて効率がいい。

ニットの場合、丈を伸ばすにしても縮めるにしても、全体の減らし目や増やし目を変更して、オーダーにふさわしいシェイプを実現する。衿元のデザインの変更、配色のリクエストにも応じる。それは、一人の一枚のためにプログラミングをすることであり、これはニットのオーダーメードといえるものだ。

水と緑があふれる北上というブランド

岩手県北上市下江釣子《しもえづりこ》にある自社工場は、すぐそばを北上川支流の和賀川が流れ、「ぽんぽこ泉（すず）」と通称される湧水がある空気の澄んだところ。この申し分ない北上の環境を生かして、宇土氏には新工場構想がある。

「イタリアの高級ブランド、ボッテガの工場みたいな

工場のある北上市下江釣子に広がる田園風景

明るい工場を新築したい。食堂も託児所もあって、私たちはここで上質のカシミヤニットをつくっていると、従業員が誇りにする工場をつくってあげたい。工場で働く社員やパートさんは、今も喜んで働いてくれていますが、自分たちのつくっているものが東京ですごく高い評価を得ている実感をもてていないのが残念なのです」。

「北上しらゆり大使」(第10次・2年間)を引き受けるほど、宇士氏の地域や従業員への思いは厚い。宇士氏が執筆するウェブサイトの記事を読んで、若いスタッフたちがカシミヤニットをつくる姿に思いを馳せる人も多いだろう。

「北上の人たちのものづくりに対するまじめさは、世界でも負けない価値をもっています。ちょっとしたミスや見えない部分のキズでも、自分を許さない。そんな『いいもの』を『高く売る』のは、ぼくの責任。最高級カシミヤニットを生産する工場を見ようと、北上に世界中から訪問者が来る日は、夢ではありません」(宇士氏)。

宇士氏のセンスの先端性と、その行動力は、次世代へのバトンタッチを見据えつつも衰えを見せない。

株式会社ユーティーオー

住所

オフィス＆ショールーム　東京都港区南青山5-4-35 たつむら青山607

TEL 03-3498-2230 ／ FAX 03-3498-2406

工場　岩手県北上市下江釣子12地割164番3

URL

https://uto-knit.com/

金網の進化が止まらない。広がる用途は工業機器、建築内外装材、そしてアートへ

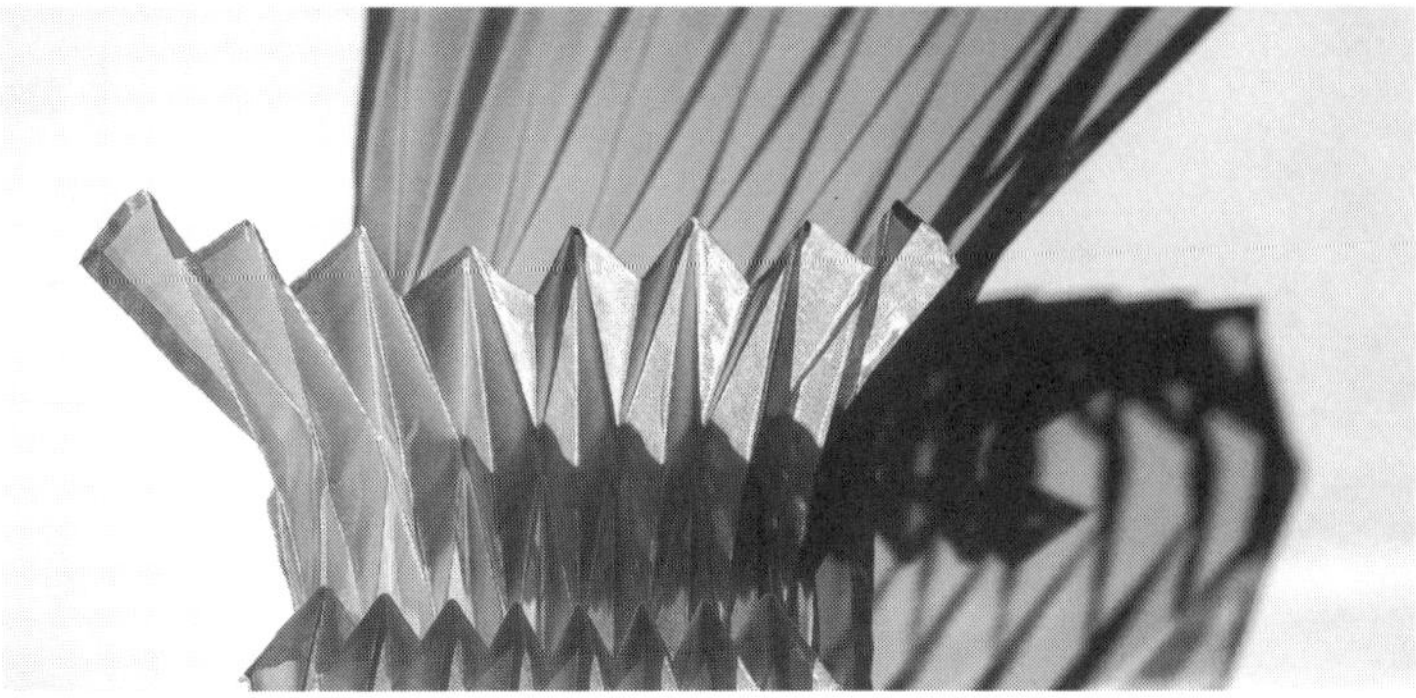

石川金網株式会社

ISHIKAWA WIRE NETTING Co., Ltd.

事業内容

金網および金網関連製品の製造・販売

企業価値

1）非常に微細な目の金網からデザイン性の高いメタルワークまで、性能とデザインの両面を満足させる製品力をもつ。

2）多様な金型と資材を幅広く揃え、大量注文から一点ものの特殊製品、大企業から個人まで、あらゆる要望に即応する受注生産体制と豊富な金網在庫。

3）精緻な加工に適用する極薄金網のしなやかな性質を生かした金網折り紙「おりあみ ／ ORIAMI®」を、アート素材として製品化。異業種市場を開拓し、B to Cへも進出。

4）「おりあみ／ ORIAMI®」のアート性を工業用金網素材に適用して、異素材を組み合わせた金網「KANAORI」を開発。常に、新たな可能性を探って金網業界のトップを走る。

あらゆる形状、素材の金網製造、ふるいやフィルターの張り替え技術をもつ

石川金網株式会社はその高い金網製造技術と柔軟なアイデアあふれる創意工夫で、金網業界に留まらず工業界、建築界そしてアーティストから厚い信頼を得ている。金網といっても、想像をはるかに超える細かい目の網や、これも金網かというような分厚いエキスパンドメタル、鋼板に孔を空けてつくるパンチングメタルなど多様な金網および金網加工品の開発・製造・販売を行う会社だ。

本社に隣接する工場は産業用のふるい（篩）やフィルターに使用する金網を製造しており、受注の途切れることがない。

ふるいやフィルターは、金網が空気あるいは水を通しながら、液体、気体、固体を問わず分級《ぶんきゅう》や濾過《ろか》するために用いられる。食品や薬品などの粉体をはじめ工業用の金属や化学物質などの生産に欠かせないものだ。

石川金網の代表取締役社長・石川幸男氏に話を聞いた。

「粉ミルクに使うような非常に細かい目の金網を張ったふるいを製造する技術だけでなく、その金網の張り替え技術があるところが、うちの強みです。ふるいやフィルターは網が古くなったら破れる前に交換します。それぞれの耐用期間のデータを取って、見計らって行う。あらゆる形状、あらゆる素材の金網を張り替える技術があります」。

張り替えは、顧客先の設備からふるいを引き取り、工場で張り替え作業を行う。外枠から内枠ま

での寸法精度、フレームと金網の接合構造や使用する接着剤の安全性などの品質管理はもとより、張った金網全体を均一のスクリーン張力に整える独自の技法をもっている。ほとんどのメーカーの機械に対応している。

金網には、織る、溶接する、穿孔する、切れ込みを入れた素材を延ばして網目をつくるものなど、さまざまなタイプがある。金網素材も、主流であるステンレスだけで10種類以上、合金やチタン、耐熱性の高いタングステンやモリブデンなどの金属、腐蝕しないプラチナや金を使用する場合もある。織金網だけ見ても、開き目、線径、材質をマトリックスで組み合わせると億の単位の数になるという。

「用途に合わせて適切な組み合わせを提供することが大事なのです。海外製の材料や金網が必要になることもあり、スイスやドイツ、イタリアから輸入することもあります」。

大量注文から一点ものの特殊製品まで、製造でも張り替えでも、あらゆる要望に即応できるよう、多様な金型を揃え、資材ストックを充実させている。

石川金網株式会社代表取締役社長・石川幸男氏

時代とともに変わる用途に対応して進化

石川金網の三代目である石川氏が入社してはや30年が過ぎた。2022年には石川金網は創業100年を迎える。

「曾祖父は発明家で、明治時代に自動織機やその部品を開発していたのがルーツです。祖父は、同じ『織る』ですが糸ではなく線状にした金属を織る道を選んだと聞いています。大正時代でしたので、軍の航空機用の金網などの製造で繁盛したようです。その頃は常磐線三河島駅の近くに工場があって、第二次世界大戦後に現在地に移ったそうです。京成線新三河島駅に近く便利な場所です。戦後復興で金網需要は高かったと思いますが、そんななかで、祖父が開発した和菓子に使うあんこを漉す製餡用金網が、全国に普及したといいます。子どもだった私は、工場が面白くてよく見に行っていました」。

石川氏が入社した1990年頃の石川金網は、弱電製品の部品の製造に追われていた。ドライヤー内部の金網、マイクロフォンやオーディオスピーカーのカバーなどが主だった。それらはやがて、生産地を中国などに移すようになり、一気に注文が減少した。弱電製品部品と並んで力を入れていた自動車部品部門もまた、海外生産へ移っていき、取扱高は減少した。

「今の主力製品はフィルターです。合成樹脂製造用樹脂押出機に使われています」。

合成樹脂加工品に合わせた押出機のフィルターには、樹脂中に溶融した異物、炭化物、ゲル状物、未溶融樹脂などの不純物を取り除くことが求められる。

石川金網では、樹脂押出機専用フィルター「IKスクリーン®」を1960年代から製造・販売しているが、技術を蓄積して、新しいタイプの機器にもすぐに対応できる体制を整えてきた。

「工業製品のフィルター、ふるい、カバーの金網を製造することに変わりはないのですが、その用途は時代によって変わります。伸びては落ち、伸びては落ち。これにはほんとうに困りました。ですから、どんなに売上がいい時でも、より高い精度を目指し、新しい技術を求め続け、次代のニーズを探ってきました。それがよかったのだと思います。今、多方面からご相談が舞い込むのも、その頃から培ってきた開発のアイデアや工夫に期待していただくからだと思います」。

社員数35人のうち工場の人員は20人。東京の下町にある地味な外観の本社・工場から、誰もが驚く金網製品が生み出されている。

石川金網本社工場

大ヒットしたデザインパンチングメタル

石川氏が開発を手がけて大ヒットとした製品に「デザインパンチングメタル/パーフォアート」

がある。大きさが畳一枚分ほどもある鋼板に多様な孔を空けて、それがデザインになっている。建築内装外装材として、外壁や階段の手すりの腰板部分などに使用されるが、1993年の製品化以来、今では用途は多方面に広がっている。

メタルパネルに孔を空けると風が吹くたびにピーピーと音が鳴る。この笛吹き音を出ないようにしたのが特許技術で、自社制作のデザインソフト「パンチエディター」によって実現した。計算しながら孔のサイズを組み合わせることで笛吹き音を解消すると同時にデザインになる。

口径の異なる孔を組み合わせて穿孔するのだが、全面に、あるいは位置と大きさでグラデーションにしたり、チェッカー文様でまとめたりする。また、注文主が持ち込んだスケッチや写真からデザインを起こすこともある。標準的な素材はアルミニウムだが、穿孔可能なら異素材も使えるし、彩色もできる。

開発当初、超高層マンションのライオンズタワーシリーズで大量に使われた。高速で生産できる機械を自社開発し、オリジナルの製品を低価格で提供することで、大口受注を

パンチングメタルでモナリザをデザイン

呼び寄せた。

石川金網では、製造に必要な機械や工具はすべて社内でつくる。したがって、特許で技法を公開していても、特許が切れても、実際に製造することは他社では難しい。

そうはいっても時流は変わる。超高層マンションの手すりにガラス板が多用されるようになると、大口発注が減少した。低層ビルでは一棟当たりの使用量が少ない。ちょうど、生産していた神奈川県にある厚木工場が高速道路用地に買収されることになったうえに、特許も切れるタイミングだったため、石川氏は、パンチングメタルを協力工場の委託生産にすることを決めた。

「今もまずまずの注文がありますが、最近、同じような用途の金網をイタリアから輸入し、在庫を置きながら、さまざまなサイズに加工して販売しています。イタリア製はデザイン性が高く、日本のものにはない魅力があります。うちのオリジナルアイデアによる開発も大事ですが、海外の優れたものをお客様に提案することも必要と考えています」。

社員は全員、開発担当

「うちでは開発担当の社員1名以下、総務・事務の社員も含めて全員が開発担当です。その象徴的な出来事が、金網折り紙『おりあみ／ＯＲＩＡＭＩ®』の誕生でした」。

あるとき、社員がふと思いついて、薄い金網の端物で折り鶴を折ったところ、思いがけなくハリがある美しい折り鶴ができたのがきっかけだった。

目が細かくて薄くやわらかい金属の網は昔からあり、金網業界では珍しいものではない。異なる素材の線状金属をタテヨコで組み合わせたり、複層にするなどして新たな機能性を引き出すことも行われていた。ただ、その素材を「折り紙」の材料として商品化しようとは、誰一人考えなかった。

石川金網によって、工業用品だった金網にアート素材という新しい機能が加わった。〝布のようにやわらかく、紙のようにハリがある新素材〟として、アクセサリー作家やファッションデザイナー、立体アーティストたちに使われるようになり、作品展などが催され、マスコミにも取りあげられた。石川金網もいくつもの賞を受賞した。

「新しい分野との出会いとなりましたし、話題になったことで旧来のお客様からも注目されました。市場も広がり、新規のお客様を増やしてくれました」。

同じように自在に加工できる工業用素材として異素材を組み合わせた金網「ＫＡＮＡＯＲＩ」の特許も取得した。これは、金網の素材の組み合わせを特定している特許なので、ちょっと変えて似たものをつくろうと思えば他社でもまねできるという。

異素材を組み合わせた金網「KANAORI」

「特許を取ることが重要です。特許を取って、それを公開することによって、石川金網の技術力、開発力を示す。それによって、だったらこんなこともやってくれるかもしれないと、山ほど問い合わせが来ます」。

「山ほど来る問い合わせ」は大げさではない。石川金網のウェブサイトのヒット率（アクセス件数）は月に1万件、電話での問い合わせが多いときは一日10件ある。

「今はウェブサイトを見たと、メールや電話が入ります。うちのサイトは広く一般に金網の話を広報するものではなく、必要な人向けです。ですから、社員たちでコンテンツをつくり、記事も書いています。ウェブサイト制作会社も利用していますが、見栄えがよいだけのものではいけません」。

専門的な内容をしっかり書くことで、確実なニーズをもっている企業や研究者がアクセスしてくる。

成功も失敗も研究実績は、すべて石川金網の財産

「失敗もすごく多いんです」。

鮮やかな成功談に続けて、石川氏は淡々と話を継ぐ。

「静電セパレータという機械をつくったことがあります。お客様から、ペットボトルのキャップ部分をリサイクルするのに困っている、と相談されたのが始まりです。当時のキャップは素材がポリエチレンとポリプロピレンの2種類あって、その部分が混合しているとリサイクルできない。分離する機械がほしいという話でした」。

芝浦工業大学と協力して、数年がかりで新方式の静電分離方式選別機システムを完成させた。ところが、依頼を受けた当時から数年の間にペットボトルのリサイクル量が飛躍的に増大した。完成した機械では処理量が小さすぎて、大きな需要は生まれなかったという。ポリエチレンとポリプロピレンのように物性が近似するプラスチックの高純度分離を可能にし、赤外線分離方式のシステムと比べて約半分のコストでできるものだっただけに残念だったというが、そうした研究実績は、すべて石川金網の財産となっている。

研究開発の依頼や一点ものの注文は少なくない。企業や大学の研究所などからは、試作品や実験装置に必要な部品の依頼が多い。アーティストからは、「おりあみ／ORIAMI®」「KANAORI」に限らず、さまざまな素材の加工依頼が来る。

「お客様がこういうものがほしいとアイデアを思いつかれたところから、一緒に考えて実現してあげるのがうちの製品と加工技術です。持ち込まれる話は、先端研究や新商品開発にかかわるので、面白いし参考になります。開発の仕事は、時間はかかるし、利益に結びつくかどうかは未知数ですが、なんとかしたいという思いや情熱は共通しています。いろいろな分野の人が協力していくオープンイノベーション時代を実感します。今は、

金網自動織機

素材が新しい用途をつくっていく時代。金網といいながらも、金属以外の『線』を編む仕事が増えると思います」。

ものづくりが好きでこつこつやる人募集中

研究・開発には時間を惜しまないが、いったん生産体制に漕ぎつけると、高速生産体制、受注即納体制が取れるのも、石川金網の強みの一つだ。それができるのも、製造機械・器具、金型等がすべて内製化されているところにある。

金網交換に関しては、金型を100種以上揃え、どこのメーカーの機械にも対応できる。たとえば樹脂押出機用フィルター「IKスクリーン®」の形状は丸形、正方形、ドーナッツ形、小判形などがあり、直径10~1000ミリまで0・5ミリ刻みで製作可能だ。需要の大きい10~400ミリの範囲の約400種類は余裕をもって資材ストックを行い、いつでも注文に即応できる。しかも、受注記録を分析して販売予測をし、むだの出ないようにして製造コストの低減に努めている。

さらに、製造工程がすべて社内にあるので管理が行き届き、品質維持は万全。先端の研究・開発で常に活気に満ちている石川金網を支えているのは、合理的な製造・販売体制と安定した経営だ。権威ある国際家具見本市「ミラノサローネ」に2017年から2019年と3年連続で、「おりあみ/ORIAMI®」「KANAORI」作品を出展するなど世界進出も視野に入れている。

そんな先端企業の石川金網だが、就職活動中の学生たちにはあまり知られていない。

「小学生の見学や中学生・高校生のインターン受け入れは、学校から頼まれるので、よくあります。みんな興味をもって喜んでくれるので歓迎です。大学生のインターンシップも数は少ないですが、とても優秀な人が来ます。熱心なので、社員も一所懸命教えるのですが、実際の就職は大企業。社員ががっかりするのが、私としてはつらいです」。

採用は、公共職業安定所（通称職安、ハローワーク）に中途採用募集を出している。

「こつこつとものづくりをするのが好きな人、世の中に新しいものを出していきたい意欲がある人に来てほしい。2019年は若手社員を3人も採用しました。これにはわけがあって、前年に、荒川区の経済産業課就労支援課と職安が共同で会社見学兼説明会という企画をして、まず事前に会社・工場見学兼説明会をしたうえで、面接希望者に向けた面接会を行いました。私が社内を見せて歩きながら説明をし、社員と話す機会もつくり、現場を見て、そこで働いている人に質問できたうえで、面接につなげたのがよかったようです」。

〝下請け〟という言葉は当てはまらない独立企業の実像に目を開けば、そこにはクリエイティブな仕事がある。

石川金網株式会社

▶住所
本社　東京都荒川区荒川5-2-6
TEL 03-3807-9761 ／ FAX 03-3807-9764
▶URL
https://ishikawa-kanaami.com/

豊富なメニューとほっとするサービスが一人客、女性客を惹き付けて、関東に35店舗

株式会社ホイッスル三好

WHISTLE-MIYOSHI Co., Ltd.

事業内容

ラーメン店チェーン展開

企業価値

1）三好家初代から受け継ぐ「揚州マインド」を忘れず、中国料理の味を生かした、ラーメンや点心のオリジナルメニューを多数揃えて、直営で35店舗を展開。

2）上海から特級点心師を迎えて、冷凍できる小籠包を商品開発し、新メニューに加え大ヒット。

3）来店客の男女比はほぼ半々。女性にも入りやすい店舗づくり、メニューづくりに成功している。

4）新人から店長への９段階の明快なキャリアパスを設定し、そのための教育セミナーを毎月開催し、働きやすさと働く喜びを得られる職場環境を実現している。

中国の味を凝縮してつくり出すメニュー

東京、神奈川、千葉などに広がる35店舗を展開する「中国ラーメン揚州商人」は、あまたのラーメン店とはちょっと異なる。中国の麺料理とは異なるが、中国料理にヒントを得て開発したオリジナルの凝ったラーメンと点心メニューが特徴だ。

「揚州商人」の名前の由来は、中国江蘇省の揚州が、創業家である三好家の初代の出身地であることによる。揚州は揚子江沿いにあり、江蘇料理、揚州料理といわれる食の都にして、上海料理の原点は揚州にあるといわれる土地柄だ。ご飯と卵を炒めただけだったチャーハンにさまざまな具材を混ぜて五目チャーハンをつくったのは揚州で、中国では五目チャーハンのことを「揚州炒飯」というそうだ。

店舗のつくりは中華街のレストランのような、中国風の内外装。木製のテーブルとイスで、一人でも落ち着いて食事ができる。ラーメンといえば男性に人気の食べ物という印象があるが、揚州商人の場合は女性客と男性客の割合はほぼ半々。スタッフがいつも笑顔で迎えてくれ、明るく清潔な店内は女性客が一人でも入りやすい雰囲気だ。点心の小皿を食べるために高齢客が立ち寄るのも、こうしたやさしい対応が店の雰囲気ににじみ出ているからだろう。

メニューはラーメンだけで34種もあり、麺は、柳麺（細麺）、刀切麺（極太麺）、揚州麺（中太麺）の3種から選べる。ラーメン（塩・正油）730円をはじめタンタン麺、ワンタンメンなど一般的な定番が揃っているが、一番人気はスーラータンメン960円だ。

「スーラータンメンは、今では普通の料理名になっていますが、実はぼくが考えた名前なんです。中国料理のサンラータンは酸味と辛みの利いたポピュラーなスープです。そのおいしいスープに麺を入れたらきっとおいしいだろうと考えて、コクのあるラーメンをつくりました」。

こう話すのは、「中国ラーメン揚州商人」の生みの親である、株式会社ホイッスル三好の代表取締役会長・三好比呂己《ひろみ》氏だ。比呂己氏は社長時代に100回以上中国を訪れ、メニューのヒントを探ってきた。全メニューはラーメンも含めて70種を超える。メニューづくりには最も力を注いでいる。

新メニューとなるポイントは、お客様に「こんなの初めて」と言われるもの。わくわくするメニューで、迷う楽しさを提供するのもお客様に喜んでもらいたいからだ。売れ筋をリサーチするのではなく、あくまでも思いついたアイデアからオリジナル商品を開発する。そして、それを売り出すための戦略を考えるのが、ホイッスル三好流だ。

新メニューを次々に打ち出す揚州商人に対して、飲食チェーンやコンビニチェーンは「揚州商人

「中国ラーメン揚州商人」から始まったスーラータンメン

は、次に何を出すか、まったく読めない」と警戒する。揚州商人のメニューをコンビニ商品化したいという超大手コンビニチェーンからの申し入れも一度ならずあるが、それについて2018年に比呂己氏から社長職を引き継いだ代表取締役・三好一太朗氏は、「同じ味を出すのは困難であり、もし売れなければ弊社にもダメージがある」と冷静だ。

「揚州商人はほとんどのラーメンが一杯1000円を切る価格、一番高くて、海老のみその旨ラーメン1400円です。気軽に本格的な中国の味を楽しんでくださるお客様を大切にしていきます」と、一太朗氏は言う。

上海から特級点心師を招いてつくる本格小籠包へのこだわり

点心メニューも充実している。春巻き2本330円、餃子3個210円、皿蝦ワンタン400円、三種盛り小籠包550円、あるいはメンマ、煮玉子、チャーシューなどを小皿で注文でき、少しずついろいろ食べることができる。季節ごとに限定メニューがあるのも楽しい。

点心メニューのなかでも、比呂己氏が忍耐強く取り組み、大ヒット作となったのが小籠包だ。日本ではまだ、中華料理店でさえ小籠包を出す店がごく少なかった時代に、比呂己氏は中国旅行中に食べた小籠包の味に感動し、ぜひともこの味を揚州商人のメニューに加えたいと思った。

その熱意が、中国で点心師と呼ばれる中国料理世界競技大会・点心部門で銀メダルを獲得した実力者、殷永梅《イン・ヨンメイ》氏の心に響き、ホイッスル三好に入社する運びとなった。殷氏は自身が納得する味の小籠包を、チェーン店である揚州商人で出すにはどうしたらいいか。殷氏と比呂己氏は二人三脚で開発に取り組み、豚肉・えび・トリュフの三種の小籠包ができあがった。豚肉とえびはあっても、トリュフ味はおそらく世界初だ。トリュフそのものを使うことは入手手段も価格面でも難しいが、トリュフオイルなら上質のものが手に入る。こうして、夢ごこちトリュフ入り小籠包2個450円が誕生した。

小籠包は、各店舗で粉からつくるのは難しい。セントラルキッチンで丁寧につくった小籠包を冷凍して運び、各店舗で蒸し上げることにした。殷氏は現在も、おいしい小籠包をお客様のテーブルに出すために、キッチンのスタッフを指導している。

自慢の小籠包

周到に布石を打たれた承継

一太朗氏が32歳で代表取締役に就任してから、わずか2期目の決算となる2020年7月末の売

上は34億円超が見込まれている。就任時の数字から大幅アップだ。そんな一太朗氏は、後継者となる覚悟が早くからできていた。

「ぼくが15歳、高校の入学式の前日に、新しい制服を着て、父に都内の料亭に連れていかれました。そこには祖母が待っていて、父が『15歳は元服、もう大人だ。大人として認めたお前に、訊きたい。後を継ぐのか、自分の夢を追うのか、どっちか、今決めろ』と言うんです。祖母は『一太朗が継いでくれるのなら私は何も言うことはないよ』なんて言うわけです。継がないなんて言えないじゃないですか」。

比呂己氏は「今日からお前と私の間には二つの関係がある。一つは親子。これは自由に何を言ってもしてもいい。だが後継人としては、すべて私の言うことを聞け、これが約束だ」と告げ、一太朗氏は「約束します」と応じた。

与えられた最初のミッションは、「学生時代に飲食店の現場を5カ所経験せよ」というもの。一太朗氏は、手始めにマクドナルドでアルバイトをし、時を経ずして従業員ランクトップに立つスーパー高校生ぶりを発揮した。こうして高校・大学の7年間で飲食チェーン4店でアルバイトとして働き、揚州商人の2店舗の新規立ち上げに参加する経験をした。

2009年3月、大学を卒業した一太朗氏は、自らの選択で外食チェーン業界に強い経営コンサルティング会社に入社した。しかし、9カ月後に退社する。もう1年ほどはコンサルティングを学びたいという思いは強かったが、比呂己氏の強い要請に折れた形だった。2010年からホイッスル三好に入社した。

一太朗氏が驚愕することが、このときにも起こった。入社初日の1月4日の早朝6時半に呼び出される。出社すると、目の前に置かれたのはホイッスル三好の株主名簿。見ると、株の75%が一太朗氏の所有になっている。

比呂己氏いわく「2年くらい前に、経営が落ち込んだことがありました。どこの銀行も融資してくれなくてくさっていた私が、経理担当者に『今、うちの株価を算定したらいくら？』と尋ねると『ゼロです』って言うんです。それで閃いたんです。株式を譲渡するには、絶好のチャンスだと。どうせいずれ渡す株ですから」。

驚いたのは一太朗氏だった。「その意味と責任に、ぼくは真っ青になりました。そのときの恐怖で精神構造が変わりました」と振り返る。

衝撃的な入社初日に、比呂己氏から「全店回って見るといい、そうしたらやるべきことはわかるよ」とだけ助言があった。一太朗氏は終業後や休日を使って精力的に店舗を回り、半年後には先頭に立って店長会議を開く。この行動力と熱血ぶりは、一太朗氏を子どもの頃から可愛がってくれた

株式会社ホイッスルの代表取締役会長・三好比呂己氏（右）と代表取締役・三好一太朗氏（左）

古参社員から現場の若手スタッフまで本社と全店に、新しいリーダーに期待する空気を生んだ。

「どうやってこんなすばらしい後継者を育てられたのですか」と比呂己氏に問うたところ、あっさり答えが出た。

比呂己氏は、28歳のときSMIのプログラムを知り、心酔する。SMI（サクセス・モチベーション・インスティチュート）とは、1960年にアメリカ人ポール・J・マイヤーが開発した自己啓発プログラムで、各国語に翻訳され、公認代理店によって販売されている。比呂己氏は、一時は自らもプログラム販売を手がけ、以来生涯を通して、このプログラムに基づいて自分を律し、子どもたちの教育にも、社員たちの育成にも生かしてきたという。

比呂己氏は、揚州出身の三好家初代の孫に当たる。初代は1920年に揚州から神奈川県・横浜に来て、中国料理店を開き、第二次大戦後は食料不足のなかで小麦粉を仕入れ、東京・恵比寿でラーメン店を開業して大繁盛させた。二代目、すなわち比呂己氏の父はいくつかの事業を手がけており、三男の比呂己氏も手伝っていたが、1984年にSMIプログラムと出会う。

比呂己氏は夫人と二人、SMIプログラム販売を始めると、たちまち1年で4200プログラムの販売記録を打ち立てた。この出会いが事業経営に乗り出す転機となった。1988年には千葉県で「活力ラーメン元氣一杯」を開店。1990年に株式会社ホイッスル三好を設立し、本格的に店舗を増やしていく。さらに弟から恵比寿の「中国ラーメン揚州商人」を引き継ぎ、中華料理店や江戸前すしの店も出店した。数年もの間、何足もの草鞋を履いていたが、「三好家のルーツである『中国ラーメン揚州商人』一筋に取り組むことにしました。飲食の仕事が一番性に合っていたようです」と比呂己氏は回想する。

飲食はピープルビジネス、人生講座ともいえる教育セミナーも開催

ホイッスル三好は、セントラルキッチン（CK）、店舗、本社の3部門に人材が配置されている。「飲食業にはサービスする人の人間力が求められます。お客様に愛され、必要とされ続けなければ成り立たない。お客様第一に働くことが喜びとなる就労環境をつくるのがぼくの仕事」と一太朗氏は言う。

CKを率いる二人のシェフは長年にわたり揚州商人で比呂己氏と新メニューづくりをしてきた。味とメニューが最優先の揚州商人においては、商品づくり、店舗の調理指導が大きな仕事だ。プロフェッショナルの中途採用が主だが、新人採用も行っている。

35店舗はすべて直営。以前にフランチャイズ展開をしようとしたこともあったが、人と場所の条件が揃わなければ続かない。拙速に開店を急げば揚州商人のブランドに傷を付けかねないと判断して、方針を撤回した。

店舗スタッフの採用は、国籍、年齢、学歴・職歴を問わない。随時新人が入るので、研修制度を充実させ、働きやすさと働く喜びを得られる職場環境を実現している。毎月1回、入社1年未満の社員が対象の新人研修を、2年目以降の社員を対象に定期研修を行う。不定期に、講師に迎えて開

かれるリーダーシップ研修もある。

　ユニークなのは、アルバイトスタッフから希望参加できる「モティベーション基本セミナー／トータルパースンセミナー」。これは比呂己氏による能力開発セミナーで、人生講座ともいえる。

　従業員には9段階の明快な昇進制度があり、採用サイトに育成モデルを示している。新人から3等キャスト、2等キャストと上がり、ホールあるいはキッチンのリーダーの仕事を習得した1等キャストになるまでに3カ月が目安。次のステップは新人～1等キャストを教育するトレーナーや、教育や営業のマネジメントに携わるマネージャー。ここまでで6カ月は必要で、個人の取り組み方次第で、1年間を終わる頃には副店長ないし店長の仕事がこなせるようになる。

　月給社員（正社員）91名、時給社員（アルバイト・パートタイマー）724名（2018年2月末時点）全員に、同じように成長機会を提供しようという、育成セオリーを堅持している。

「今、前に進みたいと強く願う人に機会を与えたい。揚州商人でお客様にも仲間にも必要とされ、愛されることによって、人間として成長することを応援し、期待します」（一太朗氏）。

ほがらかで親切な接客

アドマイヤードカンパニーへ

ホイッスル三好社員にとって最大のイベント「ありがとうアワード」は毎年3月中旬に、全店休業して開催される。「ありがとう」を言う相手は自分自身。頑張った、よくやったと自分を称賛する日なのだ。

定休日を設定していない揚州商人にとって、唯一売上ゼロの日だ。参加は自由。2019年3月は320人が集まった。店舗、CK、本社の社員たちのなかには、高校生や外国人など、3月を区切りに揚州商人を卒業していく人も多い。

会社からの表彰として、CK、店舗、個人へ環境整備賞、人材育成賞、永年勤続賞などさまざまな賞が授与される。評価はポイントで可視化されており、合計点が最大の店舗はグランプリに輝く。揚州商人の合言葉でもある経営理念は、「お客

全店休業にして開催される「ありがとうアワード」

様の『ありがとう』を日本一集めるブランドづくり」。お客様からありがとうと言われることが、働く者にとって一番うれしいのは、サービス業に共通するが、お客様にほめられる仕事は世の中にそうそうあるわけではない。

「ぼくが胸の内で標語としているのは『アドマイヤードカンパニー』。会社として称賛されたいのではありません。揚州商人で働く人は、お客様から『ありがとう』という言葉をいただきます。その言葉は生涯の糧になるでしょう。全員が一生うちに勤め続けてくれなくてもいいのです。ここでの経験を生かして、世の中のどこかで称賛される仕事をしてくれれば、こんなうれしいことはありません。目指すは、称賛される人材が支えてくれる会社、称賛される人材を送り出す会社です」（一太朗氏）。

経営目標として100店舗展開が、比呂己氏のスタート時の夢だった。一太朗氏はそのスピリットを継承して開店案件の検討を常時行っている。しかし、数字達成は絶対目標ではない。上場する拡大志向もない。社員が一番大切と考える、数字にも強い若きトップは、冷静さと熱意を併せ持つ。

株式会社ホイッスル三好

▶**住所**

本社　東京都杉並区和泉3-46-9　YS第一ビル2階

TEL 03-5376-0469 ／ FAX 03-5376-0411

▶**URL**

http://www.whistle-miyoshi.co.jp/

揚州商人

▶**URL**

http://www.yousyusyonin.com

医薬品・食品分野で勝ち残る
独自技術のエキスパート集団が
日々の改善を重ね新しい技術を開発する

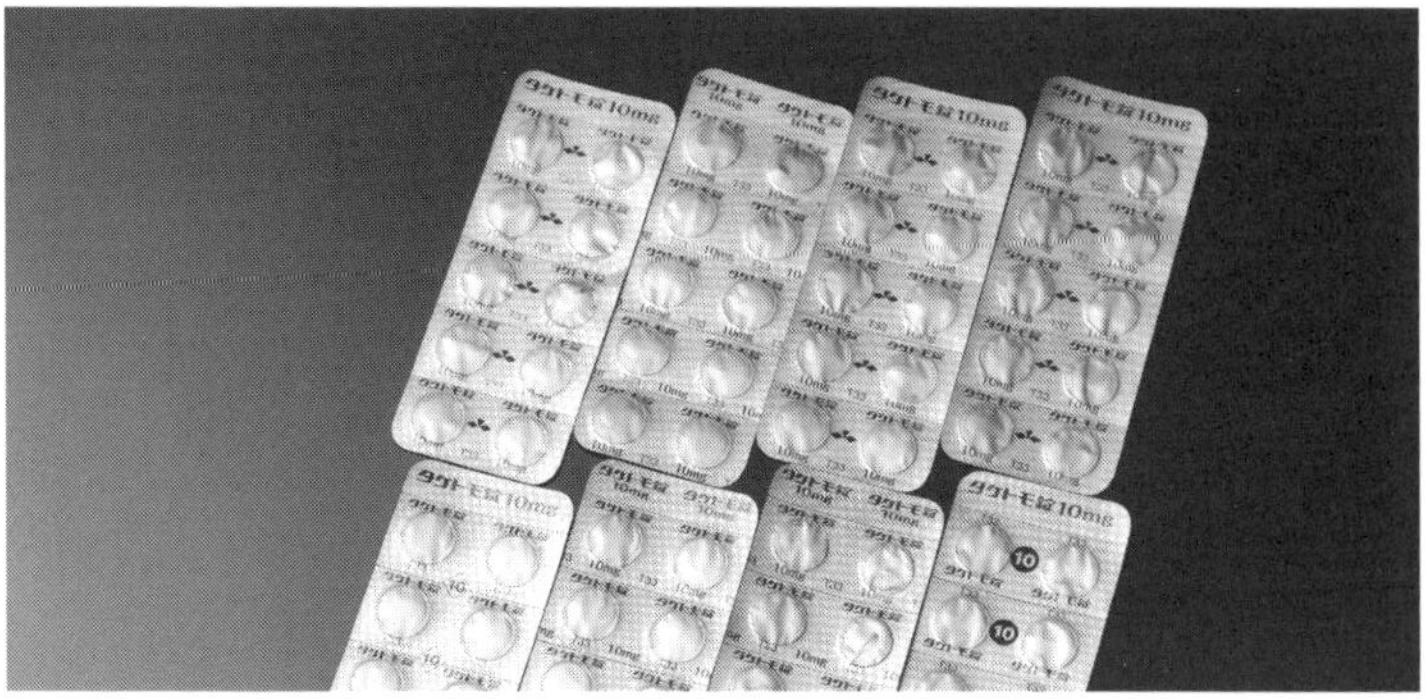

株式会社タケトモ／三光アルミ株式会社

TAKETOMO, INC. ／ SANKO ALUMI INC.

事業内容

医薬品、食品等の包装材料の製造、加工販売など

企業価値

1）PTPアルミ製の医薬品包装材を、クリーンレベルの高い生産環境で製造し、国内トップクラスの生産量を誇る。

2）ICタグの製薬メーカーへの納入数量実績は国内ナンバー1。

3）薄いアルミ箔にコーティングする世界有数の技術により、特殊な接着剤が塗られた材料をつくり、コストダウンを実現している。

4）PTP包装分野に特化して技術力・情報収集能力を高め、専門知識を持つ営業力で、製薬メーカーのニーズに先行する対応力を発揮する。

高田馬場で70有余年

東京・JR山手線の高田馬場駅ホームから株式会社タケトモの6階建てのビルがよく見える。1948年の創業以来、ここで事業を営んでいる。

「私の両親が、ここで医薬品や食品を包装する紙の製造・加工を始めたときは木造2階建ての自宅兼工場でした。加工といっても、1平方メートルぐらいの平板という紙を買ってきて、それをいろいろなサイズに切って納めるもの。当時は神田川の両岸に大手の製薬メーカーが数社あったそうで、うちは薬包紙に使う油紙やセロハン紙を扱ったようです。透明なセロハン紙が世の中に出てきた初期で、なんでもアメヤ横丁（東京・御徒町の商店街）で、セロハンで三角形の袋をつくって落花生を入れたら爆発的に売れたとか、そんな時代です」

タケトモ本社

と話すのは、株式会社タケトモ代表取締役社長と三光アルミ株式会社の代表取締役を兼任する伊藤浩明氏だ。

伊藤浩明氏の父であり、創業者の伊藤光儀《みつぎ》氏は、セロハン紙を東セロ商事株式会社（現・三井化学東セロ株式会社）から仕入れて、当時高田馬場にあった武田薬品工業株式会社の関東工場に納めていた。東セロがセロハン紙製造をほぼ独占しており、紙業者のなかには、仕入れたセロハン紙をアメヤ横丁に持って行って、高く売って儲けていた人も少なからずいたという。そんなときでも、光儀氏は従来通り仕入れ価格に加工賃を加えた契約価格で武田薬品に納品を続けた。武田薬品からその誠実さが評価され、社名を付けてくれた。こうして有限会社武共紙業社が設立された。

セロハン紙に続いて、カットテープの注文が来たのは、武田薬品と合弁の外資系製薬メーカーからだった。カットテープとは、箱などをくるむセロハン紙の包装を、端から簡単に開封するために、セロハン紙に圧着して巻きつける、同じセロハン紙でできた数ミリの細いテープのことだ。

「米国製のものを参考に、母が包丁で細長く切っていたそうです。父は酔ったときの思い出話で、うちが国産カットテープを初めてつくった会社だなんて言っていました」(伊藤氏)。

やがて、粉薬が薬包紙に包まれていた時代から、錠剤やカプセルになり瓶に入れて流通する時期があり、次にストリップ包装となる。ストリップ包装は、セロハン、アルミ箔とポリエチレンなどで錠剤を挟んでシートに熱を加えて密着する方法で、今も一部で使われている。

現在の主流、ＰＴＰ包装になったのは１９６０年代からだ。ＰＴＰ（press through pack）包装は、錠剤やカプセルを2種の素材でパックして気密性や防湿性を維持する薬剤包装の方法で、多くは窪みのあるほうの素材はビニホイル（PVC＝塩化ビニルフィルム）、平らなほうはアルミ箔だ。

1968年に株式会社化した武共紙業社は、翌年に三菱レイノルズアルミニウム株式会社（現・三菱アルミニウム株式会社）と、三菱樹脂株式会社（現・三菱ケミカル株式会社）と、それぞれ代理店契約を結ぶ。アルミ箔とビニホイルの仕入れルートを確立して、PTP包装の時代に対応した武共紙業社の事業は拡大した。三共株式会社（現・第一三共株式会社）とも取引をするようになり、二大メーカーに遠慮して1970年、社名をタケトモとカタカナ書きに変更した。

製造部門の三光アルミ株式会社との2社体制を確立

1970年に高田馬場の本社を新社屋に建て替え、同年末には将来の需要増加を見込んで製造部門の規模拡大を図るため、新たに埼玉県鴻巣市に三光アルミ株式会社を設立する。ここから営業部門はタケトモが、製造部門は三光アルミが担う、という2社体制が始まった。

1976年に同じ敷地に三光アルミ新工場を建設し、高性能のHEPAフィルタ（High Efficiency Particulate Air Filter）を設備した。これは製薬メーカーのパッキングルーム並みのクリーンな環境を保つ設備だ。

実はこのころに大変なことが起こった。1977年に光儀氏が亡くなったのだ。創業以来ともに働いてきた夫人の伊藤喜代子氏が社長になって事業は支障なく継続したものの、伊藤家にとってもタケトモにとっても大きな試練だった。
「私は大学４年生でしたので、卒業後すぐタケトモに入社しました。父は生前、俺が仕事を教えてやると言っていたのですが、それも叶いませんでした。入社する前年の夏休みに三光アルミで１カ月間、寝泊まりして働かせてもらいました。この経験はとてもためになりました。津田工業の経営者で三光アルミ初代社長も兼務された津田健三氏（後に三光アルミ名誉相談役）を遠くから見て、経営者のあり方も学びました」と伊藤氏は言う。

二代目喜代子氏の社長時代、１９８５年にアルミドラム印刷機を導入し、１９８７年には多色グラビア印刷機を導入して、設備を増強し、物流資材倉庫も建設した。２００５年には鴻巣市川里工業団地に工場を移転し、最新設備の導入はますます進んだ。

伊藤氏がタケトモの代表取締役社長に就任したのは１９９６年。三光アルミの社長にはずっと津田氏が就いていたが、２００７年、伊藤氏が代表取締役に就任した。その前の２年間、利益率が下がって苦戦していたので、立て直しが必要だったためだ。

株式会社タケトモ代表取締役社長と三光アルミ株式会社代表取締役を兼任する伊藤浩明氏

「工場の設備投資は高額です。5億円、10億円の融資を銀行から受けなくてはなりません。機械は一度入れると20年ぐらいはもつので、順調に償却していければいいのですが、医薬品市場の景気によって受注が減少すると、返済が滞ることも起こります。これは、発注側のタケトモの責任でもあります。タケトモの社員にもっと三光アルミとの一体感をもってもらいたいし、融資を受けるのにもタケトモの信用が必要です。そんなことで、私が両社の代表になりました」(伊藤氏)。

特殊分野に独自技術をもつエキスパート集団

タケトモは、材料のアルミ箔とビニホイルの仕入れ先、医薬品包装材PTP用アルミ箔の納入先、いずれも大手企業と契約し、厳しい品質管理を求められるなか、最新の設備を充実させて高い要求に常に応えていった。こうしてタケトモおよび三光アルミの信用と技術はいっそう高まった。タケトモのPTP用アルミ箔は、厚生労働省告示等国内規格に適合していることはもとより、FDA(米国食品医薬品局)のドラッグマスターファイルにも登録されている。

現在三光アルミが導入している多色グラビア印刷機は、PTPアルミ用・表裏同時印刷機の最新機をオーダーメードしたものだ。製造する包装材に合わせてアルミ箔の表裏の印刷位置を一致させ、高速で両面印刷し、内蔵する高温焼き付け乾燥機で乾燥を行う。さらにオンラインで工学欠陥検出機(CCDカメラ搭載)によるチェックも完了する。それだけではなく、全工程をオフライン工学欠陥検出機がチェックしており、また、異なる製品ごとに、対応する測定機器、たとえばバーコード検証機（レーザー式／カメラ式）、赤外線検証機、電子天秤などを使って行う検査も実施して、製品の精度を確実なものにしている。

医薬品・食品の包装材、電子デバイスのタグ等を印刷する工場内は、すべてクリーンルーム化している。防虫・防塵対策は、外部の専門業者にも依頼して万全を期し、虫の侵入を防ぐ防虫シャッター、人や資材に付いて入る恐れのある埃や毛を防ぐエアシャワーやカーテン等を整備し、作業部署によっては無塵衣も着用する。作業工程ごとにクリーンレベルを設定し、室内の気流を制御している。ＩＳＯ９００１認証も２００８年から取得している。

「タケトモの強みといえば、医薬品業界という限定された分野における、ＰＴＰアルミ箔印刷加工の特殊技術をもっているエキスパート集団だということです。ＰＴＰアルミ箔が出た初期から専門に取り組んできましたから、知識も技術も実績も

埼玉県鴻巣市にある三光アルミ工場

どこにも負けない。これからも、独自の技術を創造・開発に生かし、製品の信頼性を最大限に高めていきます」と、伊藤氏は言う。

多様化する医薬品包装材

「タケトモの売上の9割がサプリメントを含めた医薬品関連の包装材で、独自の技術の強みを生かし、多くの製薬メーカーと長年取引をさせていただいています。医薬品は、バリデーションといいまして、製造方法と工程に科学的根拠や妥当性があるかを検証し、それに基づく手順書を作成することが義務付けられています。うちの場合は、機械とフィルムが中に入れる薬品にマッチしているかが対象で、検証には結構な時間とお金がかかります。ですから一度決まると、その発注を他社へ取られにくい。逆にいえば他社が入っているところへ参入するのは難しい」(伊藤氏)。

医薬品の包装方法は、PTPのほかに、近年はラミネート品の製造が増加している。アルミ箔の小袋で、顆粒をパックした製品などで目にするものだ。タケトモでは、PTP用のPVC・CPPフィルム、ラミネートフィルムの印刷需要を受けて、医薬品・食品、さらには電子部品の包装材にも販路を広げている。

今後、高い需要が見込まれるのは医薬品用のICタグだ。

「医療機関で使用する造影剤が入っている注射器（シリンジ）に付けるタグは、今、国内はすべてタケトモが納めたものです。この商品の場合は、製造はトッパン・フォームズなのですが、製薬メーカーにルートがあるタケトモを経由して納品しています」(伊藤氏)。

このシリンジ用ICタグについては製造にはタッチしなかったものの、タケトモにはすでにアルミをラミネートしたフィルムに、ID情報を埋め込んだICタグのアンテナ部分を印刷している実績がある。最新の印刷機およびクリーンな環境、アルミ箔印刷で培った技術と厳格な品質管理対応力があればこそ、いち早く電子デバイス分野の印刷にも参入できた。

薬品の誤投与を防ぐなど、ICタグ需要はあらゆる分野でますます必要性を増すのは間違いない。医薬品や医療業界でタケトモの築いてきた信用は、ますます重みを増すことだろう。今後は、ICタグアンテナ印刷やICタグの製造、システム提案に力を入れていくという。

異業種の大手企業から商品管理に使うICタグの試作依頼も来ているし、アジアの国々からの引き合いも多いが、間口を広げることには伊藤氏は慎重だ。

「市販の経口投与の固形剤（錠剤やカプセル）の消費は、今は横ばいですし、人口減少と医療の変化で10年先は減少していくことも考えられます。しかし、サプリメント

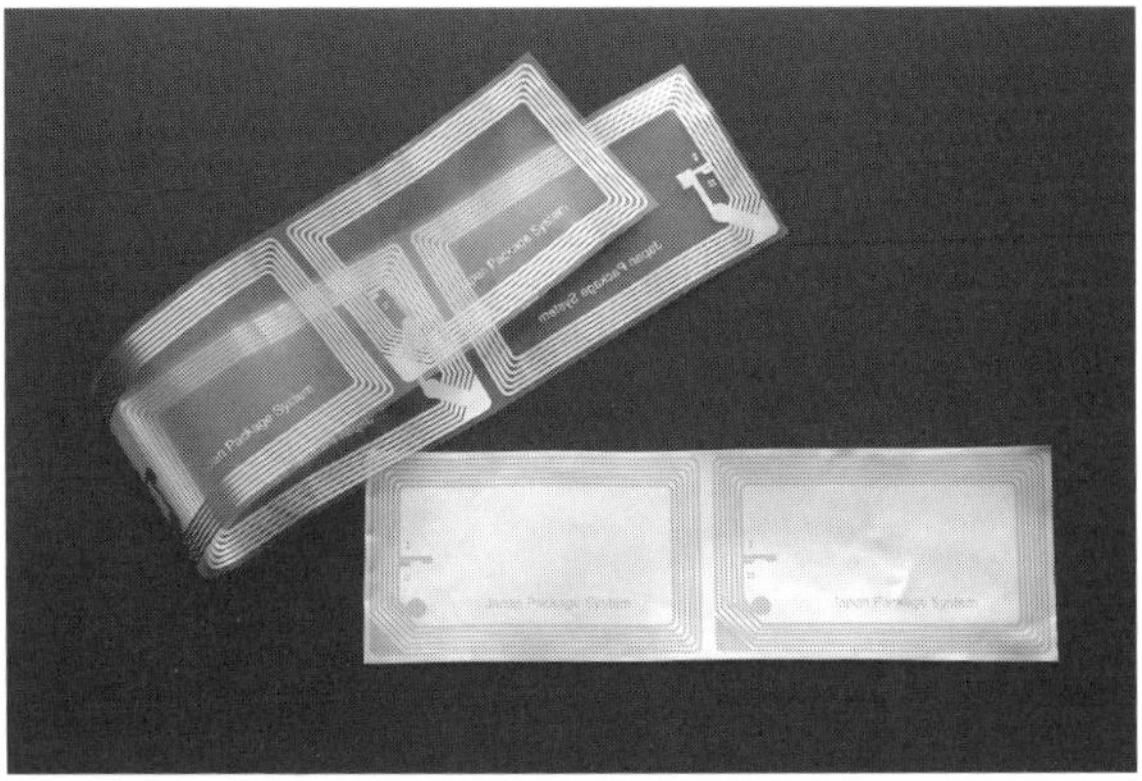

ICタグアンテナ

はすでに扱っていますから食品関係ならともかく、まったくの異業種へのアプローチは簡単ではないでしょう。海外進出をすべきか、常に世界の動向に注目しています。包装資材や印刷機械の国際見本市などで社員が勉強する機会もつくっています。医薬品市場は米国、中国に次いで、日本は世界3位と大きなマーケットをもっていますから、国内でのシェアを伸ばすことを先に考えるべきか迷うところです」(伊藤氏)。

「利益は一時、信用は末代」

現在、タケトモの営業社員は16名、新規開拓担当が別に2名の体制だ。

「タケトモの新卒採用は、独自の会社説明会を開催したこともありますが、費用と時間がかかるばかりで成功とはいえなかった。今は人材会社に10人ぐらい選抜してもらい、面接します。2018年は3名採用しましたが、これは珍しいことで、だいたい毎年1名程度です」(伊藤氏)。

人材会社を介することにより、学生側がある程度タケトモについて知らされているので話が早くなる。人材会社の利用は、採用する側にも採用される側にも効率がいいと感じているという。

新人教育は工場研修を行った後はOJTが中心。1、2歳年上の先輩に同行訪問するなどして2年程度、経験を積む。その後少しずつ、一人で顧客を担当するようになる。

「入社5年目くらいに、公益社団法人日本包装技術協会が主催する包装アカデミー(包装専士講座)の医薬品包装コースに参加してもらいます。毎月1回全10回の講座です。専門知識を系統的に学習する意味も大きいのですが、それ以上に業界を知る機会でもあります。製薬会社や製造機械メーカー、また同業他社の人たちが集まってディスカッションもするし、雑談もする。飲み友達になることもある。社内だけでは得られない人間関係ができます」と伊藤氏。

三光アルミの従業員数は70名。通年で機械オペレーターの正社員採用を行っている。ここ数年で中途入社をかなり獲得できて、20代社員が増えた。採用を増やしているのは現在の2交代制を3交代制にする狙いがあるためだ。工場が24時間稼働になれば、効率もよく、生産量も上がる。

タケトモの営業力と三光アルミの生産力のバランスをとるのも経営の要点になっている。全体的な社員教育はタケトモ、三光アルミいずれも、品質の保持がいかに重要であるか、いかにして守るかに主題を置いている。

掲げる経営理念は「利益は一時、信用は

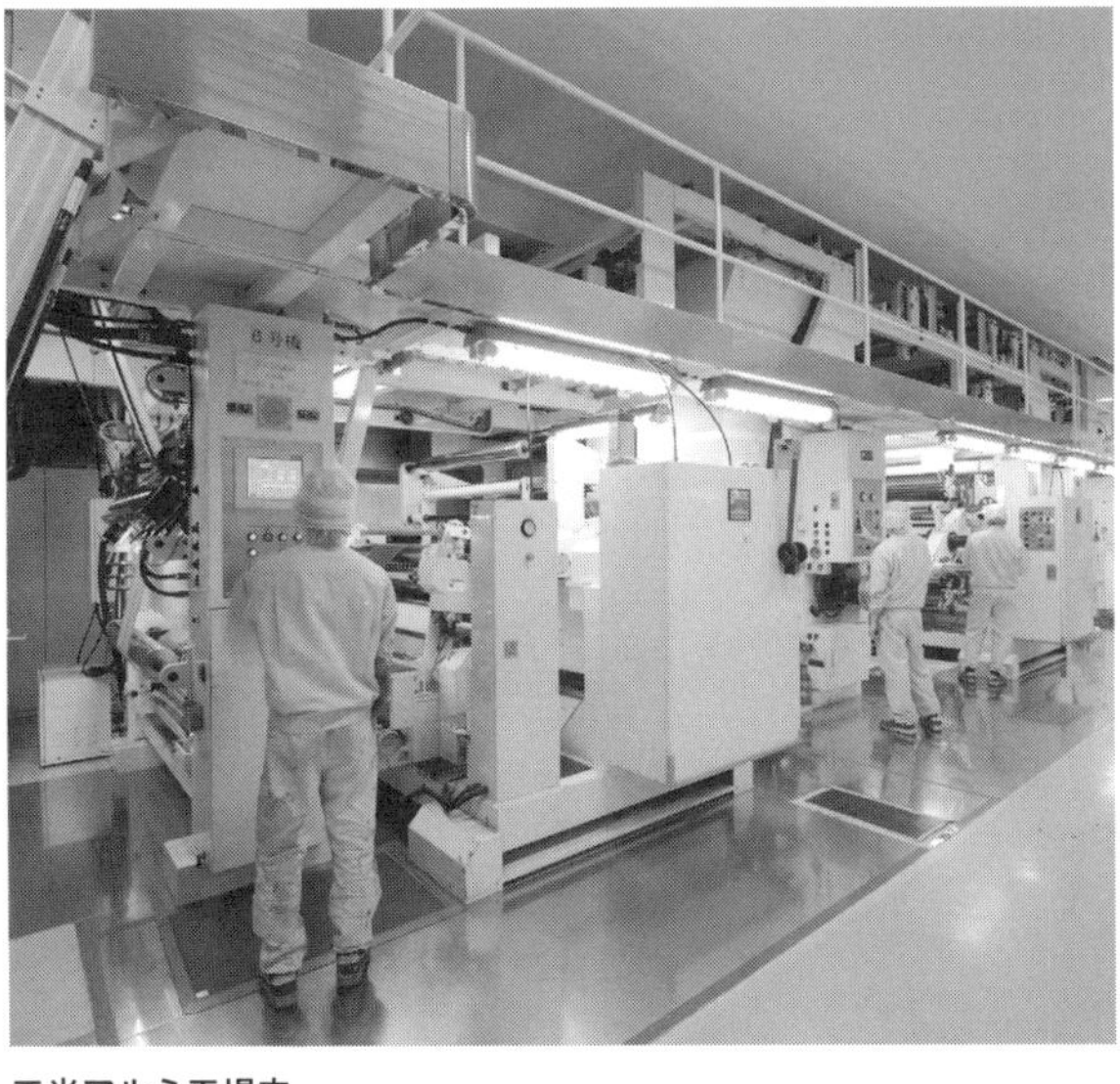

三光アルミ工場内

末代」。タケトモと三光アルミが共有する。

少し古風だが、これこそが初代・光儀氏と二代・喜代子氏の間で交わされたタケトモの魂となった言葉だ。冒頭に記した、セロハン紙がアメヤ横丁で高騰するなかで、決まった数量を決まった価格で武田薬品に納品していた時期、落花生袋用に高値で販売していた同業者のなかには光儀氏をあざける者もいた。しかし、光儀氏は「やらないのはばかだと言う人もいるが、そんな商売は長続きしない。『利益は一時、信用は末代』なのだよ」と喜代子氏に語ったという。この言葉が二代目になってタケトモを牽引する喜代子氏を励まし続けたであろうことは想像に難くない。

「顧客や取引先に喜んでもらえる仕事をして信頼を得る。それが社員の満足度を上げ、また企業価値も向上する。ひいては社員とその家族の生活を守ることにもなります。どんな厳しい状況下であろうとも、理念を守って戦略を練り、方向性を決定する。私心を捨てて困難に立ち向かうのがリーダーの使命です」と、伊藤氏は覚悟を語る。

株式会社タケトモ／三光アルミ株式会社

▶株式会社タケトモ

本社　東京都新宿区高田馬場1-33-5　タケトモビル

TEL 03-3209-7231 ／ FAX 03-3209-4551

▶URL

http://www.taketomo.co.jp/

▶三光アルミ株式会社

本社　埼玉県鴻巣市赤城台362-24

TEL 048-568-2131 ／ FAX 048-568-2133

▶URL

http://sankoalumi.co.jp/

白寿（99歳）に向けて、健康哲学を基本に
人々の健康維持・増進を追求する
社会貢献企業

株式会社白寿生科学研究所

HAKUJU INSTITUTE FOR HEALTH SCIENCE Co., Ltd.

事業内容

家庭用・医療用ヘルスケア機器や健康食品の開発・製造販売、音楽ホールの企画・運営

企業価値

1）「健康を通して人類の幸福を実現する」を企業理念に掲げ、世界視野で社会貢献の姿勢を貫く。

2）「バランスのとれた食事」「ゆとりある精神」「適度な運動」の三位一体の健康哲学を前提に、自社製品ヘルストロンの活用と健康食品を加えた「白寿健康法」の普及に努めている。

3）会員の有無を問わず無料で利用できる「ハクジュプラザ」を全国500カ所に展開し、健康意識の向上と地域コミュニティ活性化の役割を担う。

4）本社ビルの7階に「ハクジュホール」を創立。すべての人に音楽に親しむ機会を提供。音楽振興に貢献しながら「ゆとりある精神」を実現している。

母を救いたい想いから開発された電位治療器「ヘルストロン」

株式会社白寿生科学研究所は、「白寿（99歳）まで、健康で幸せに生きる方法」を科学する研究所という想いを込めて命名された。

創業者の原敏之氏はヘルストロンの発明者。代表取締役社長・原昭邦氏の父であり、取締役副社長・浩之氏の祖父である。

１９０２年、長崎県に生まれた敏之氏は、京都高等工芸学校を卒業後、佐世保の海軍工廠造機部に就職するも、長きに渡り不定愁訴に苦しむ母を救いたい想いから、長崎医科大学の理学療法研究生になる。そこで、レントゲン管球の製作に成功。当時はレントゲン（X線撮影装置）の製造が日本でまだ十分ではなかった時代だった。敏之氏は１９２５年、23歳にして帝国レントゲン株式会社を設立する。

また、原理科学研究所を創設し、理学療法の研究を続けていた。そのなかで敏之氏は、ドイツの医学誌の

株式会社白寿生科学研究所代表取締役社長・原昭邦氏（左）と取締役副社長・原浩之氏（右）

中の「高電圧の電界環境下では人間は健康状態が極めて良好である。」という記事に目を止めた。ここから高電圧による電界治療の研究、装置の開発が始まる。

1928年には100万ボルトのヘルストロン1号機を完成させ、福岡総合病院仮診療所を開設。その開所のお披露目に多くの来賓を招き、交流高圧電界装置の人体負荷実験を行った。その実験台に立ったのは、なんと敏之氏の母だった。実験は成功し、母の体調が好転する様子に自信を得た敏之氏は、装置の試作や改良を重ねる。第二次世界大戦による中断があったが、戦後まもなく自宅で電界装置の製作を再開した。

当時中学生だった昭邦氏は、いつしか敏之氏の研究を手伝うようになり、その後父の背中を追って中央大学工学部精密機械科へ進学。1955年、昭邦氏が大学2年生のときに一家で東京に移住すると、敏之氏はのちの白寿生科学研究所の母体となる「白寿会本部（白寿生電協会）」「白寿会医院」を設立する。

敏之氏は52歳にして東京大学農学部獣医内科教室の研究生となり、「高圧電界装置は人体に悪い影響は及ぼさないこと」、「生体に与える高圧電界が血液中のカルシウムイオンの変動によい影響を及ぼすこと」を科学的に検証しようと研究生活を始めた。東京大学農学部の教授や東京都立衛生研究所の研究者らの協力を仰いで、東邦医科大学医学部に論文を提出。59歳で医学博士の学位を取得した。

実はこの間に、敏之氏は交通事故で複雑骨折をするという危難に遭っていた。大けがから敏之氏を救ったのはヘルストロンだった。毎日ヘルストロンを使い続け、10カ月で杖なしで歩けるまでに回復したという。

学術的なエビデンスを得たヘルストロンは、国内外の特許取得を進めると同時に、厚生省（当時）に製造承認を申請する。前例のない治療機器の審査は時間を要したが、1963年「白寿交流高圧電界保健装置」の名称で、製造承認を得た。1号機開発から30年余を経て、ヘルストロンは頭痛、肩こり、不眠症、慢性便秘の緩解に有効な電位治療器であると認められた。

翌1964年、株式会社白寿生科学研究所を板橋区に設立。社長には28歳の昭邦氏が就任した。以来、昭邦氏は「研究開発を土台に製品をつくる」方針を貫き、とくに医学的実証を重んじてきた。

本社ビルにヘルストロンを備えた「白寿診療所」をつくり、ヘルストロンを導入するクリニックと連携して運営する。また、大学の医学部・工学部や研究機関で基礎

家庭用電位治療器ヘルストロンJz9000M
（認証番号222AKBZX00150000）

研究や電解作用の研究、総合病院における調査研究などの共同研究に力を入れた。

ヘルストロンの販売は、初期はデパートや量販店の催事場で行っていたが、ユーザーのアフターフォローを重視して固定店舗ビジネスに切り替え、全国にハクジュプラザを開設していった。

海外進出は、ヘルストロンの愛用者だった財団法人の理事長の尽力もあって、南米やアジア各国の医療施設に寄贈したことが足がかりとなった。その後、少しずつ海外市場を広げ、現在は韓国・台湾に販売店を展開。中国には現地法人を設立している。

昭邦氏は家庭用ヘルスケア機器業界全体の発展にも貢献している。1973年厚生省・通産省（当時）共管の社団法人日本健康治療機器工業会（現・一般社団法人日本ホームヘルス機器協会）が発足。副会長、のちに会長として、販売員向けの6カ月間の通信教育を実施したり、自主検査基準をつくり、電気用品試験所（現・JET＝一般財団法人電気安全環境研究所）で現品検査を行ったりなど、販売の適正化と安全性確保に向けて取り組み、長期にわたって業界を牽引してきた。

全国500カ所に展開するハクジュプラザ

白寿生科学研究所が、全国約500カ所に展開している健康ショップ「ハクジュプラザ」は、全プラザを合計すると、一日約7万人の地域住民が訪れる。年間の来店者は延べ1500万人にものぼる。

ハクジュプラザは、家庭用電位治療器「ヘルストロン」の体験ショップである。オリジナルブランドの健康食品を販売したり、健康情報や自治体の発信する情報を提供したり、地域のコミュニティ機能も備えている。都市部から郊外、山間部など全国各地に個性豊かな店舗が運営されており、一日平均約600人が訪れる大規模な店舗もある。

通常の店舗営業に加えて、運動教室やストレッチ講座、専門家による健康講座のほか、音楽家によるミニコンサートが開かれている。利用者たちが演じる出し物で盛り上がるお楽しみ会やカラオケ大会なども行われ、地域の交流の場の役割を担っている。

「ハクジュプラザにはお友達やご近所さんが一緒にいらっしゃるし、評判を聞いて訪ねてくださる方もいらっしゃいますので、どのプラザも来場者数は年々増加しています。ハクジュプラザの魅力は、初対面同士でも話の花が咲き、人と交わり、笑ってひとときを過ごす社会参加の場になっていることです。本来、ここはヘルストロンや健康食品を案内して体調を整える暮らしをご提案するのが目的のショールームでした。心のゆとりを得る場であれば、ハクジュが提唱する健康法にもかなっています。大変良いことだと思っています」と浩之氏は言う。

いつもにぎわっているハクジュプラザ

適度な運動とバランスの良い食事と社会参加によって健康維持に努めるハクジュプラザの活動は、少子高齢化で医療・介護費がかさんで財政が逼迫し、危機感をもつ自治体にも期待されている。

白寿健康法の実践のために

敏之氏はヘルストロンを中心に置いた「食事」「精神」「運動」の三位一体の健康哲学を主唱し、普及を図った。ヘルストロンだけで健康になるものではなく、食事・精神・運動の三つが揃ったうえで健康が実現されるという考え方は、まさに、生活習慣を改善しようという今日の健康科学の先取りだ。

昭邦氏は、理念である「健康を通して人類の幸福を実現する」とは、この三位一体の健康哲学の具現化にあると考えて、会社を率いてきた。「白寿健康法」の、「バランスのとれた食事」「ゆとりある精神」「適度な運動」にヘルストロンの活用を加えて健康維持・増進を図る考え方は一貫している。

「バランスのとれた食事」をサポートする事業として、「サプリメント」という言葉が世の中に浸透する以前の昭和30年代に、健康食品の製造に取り組んだ。不足しがちな食物繊維を摂取しやすいように研究・開発した商品は、現在もロングセラーの人気商品となっている。

クマザサを粉末にした錠剤「ササロン」（1957年発売開始）は不溶性食物繊維が多く含まれている。ヒジキ、わかめ、コンブ等の海藻粉末を錠剤にした「アルカロン」（1965年発売開始）

は水溶性食物繊維が多く含まれている。これらの商品は顆粒、液体、ゼリーなど、ユーザー目線の商品開発が重ねられている。

カルシウムドリンク「カルロン」(栄養機能食品)が誕生したのは1988年。カルシウム300ミリグラムを配合した紙パック飲料は、子どもからおとなまで全世代に支持を得ている。プレーン、ライト、フルーツ味があり、全国のハクジュプラザと、インターネット上の「ハクジュネットプラザ」で販売されている。

多種の健康食品のほか、添加物を加えず緑黄色野菜のみをぜいたくに使用した野菜ジュースなど、こだわりの健康食品も販売している。

ヨーグルト風味で牛乳が苦手な子どもにも飲みやすい「カルロン」

対面販売には意味がある

ヘルストロンの製造承認を受けてから50年余、現在のヘルストロンは1000~9000ボルトの高電圧をかけて電界を発生させ、その中に人間の身体を置くことで体調を整える電位治療器として普及している。腰をかける椅子型と寝ている状態で使用する寝式型がある。

業務用ヘルストロンは、病院約550カ所、治療院約1500カ所、福祉施設約3000カ所に導入されている（2020年1月現在）。医療施設や治療院、福祉施設等が購入して患者の治療に活用するだけでなく、家族で愛用している家庭も多い。家庭用ヘルストロンはこれまでに100万台以上を出荷している。近年、ヘルストロンの年間販売台数は1万台を超え、健康食品の成長も売上額で追いついてきている。

健康食品は通販限定にするメーカーも多いが、「情報があふれて、何が正しいのか判断が難しい今の時代だからこそ、商品の内容を理解したうえで『欲しい』方に買っていただく対面型の販売姿勢が必要だと感じます」と浩之氏は語る。

1998年に入社し、2015年から副社長を務める浩之氏は、全国500店のほぼすべての店長の顔と名前・経歴を覚えているという。

「中小企業ですから家族みたいなものです。ましてこういう時代ですからSNSでつながっている人も多いし、一度退職した人が復職するケースもあります。社員260名、グループ従業員約1000名に、知識と対応力が求められるハクジュプラザでは、商品知識ばかりではなく、人間力が必要です。幸いハクジュプラザには先輩がノウハウを惜しまず伝える風土があるので、社員同士で研鑽が積まれています」と浩之氏は語る。

採用で特徴的なのはアスリートを積極的に採用している点だ。「目標に向かって努力したことがある、敗北やけがで挫折の経験がある人は、強いし、人を思いやることができるため、大変適性があります」と浩之氏は語る。

現在、競技を引退して社員や店長になったアスリートや、店舗アシスタントや本社勤務で活躍している現役アスリートが、20人以上所属している。

年間200日以上稼働するハクジュホール

家庭用ヘルスケア機器業界のパイオニアである白寿生科学研究所は、2002年、本社を板橋から渋谷区富ヶ谷に移転し、9階建ての本社屋を建設。新社屋には最上階に300席の本格的な音楽ホール「ハクジュホール」を創立。年間延べ5万人の来場があり、独自開発と改良によって長きにわたり信頼を築いてきたハクジュの社会的ブランド価値を高めている。

「新社屋をつくるのだから、さまざまな人が集まる拠点にしようと考え、音楽ホールを創りました。当時は『そんな辺鄙な場所に音楽ホールを創るのか』と言われましたが、最近はおしゃれなレストランやカフェが増え、このあたりは『奥渋谷』としてメディアで取り上げられることも増えてきました。周辺の飲食店はハクジュホールの休館日に合わせて月曜日が定休日のところも多いんですよ」と浩之氏は言う。

浩之氏は創立以来ハクジュホール支配人を兼務し、自らコンサートも企画。主催コンサートは音響効果を生かしてクラシックばかりではなく、ラテンやジャズなど幅広い。

浩之氏自身も、3歳からバイオリンを学び、慶應義塾大学在学中は学生オーケストラの団長を務め、現在は卒業生で結成しているアマチュア管弦楽団の団長を務めている。

「音楽は、三位一体の健康哲学にある『ゆとりある精神』を培ってくれるものの一つです。趣味のきっかけになったり、アーティストのファンになって応援したり、外に出るためにおめかしやお化粧をしたりなど社会参加の機会になるというだけでも、コンサートやイベントには価値があります」（浩之氏）。

また、ハクジュホールはリクライニングシートを備えた他に類を見ないコンセプトをもつ音楽ホールでもある。客席を1列おきに倒し、手ごろな2000円台のチケットで、約1時間の音楽を楽しむ「リクライニングコンサート」は人気のプログラムの一つだ。

「こちらのコンサートでは、お客様にとって縁遠い感じがするアーティストに親しみを感じていただけるように、出演者のトークの時間を設けており、大変好評をいただいています」（浩之氏）。

ハクジュホールのコンサートパンフレットには

ハクジュホールでは著名演奏家のコンサートが開かれる（「Hakujuギターフェスタ2019」より）
©三好英輔

「株式会社白寿生科学研究所は、音楽を通じて〝ゆとりある精神〟を実現する場を提供いたします」と記されている。

また、浩之氏は２０１４年7月28日の会社設立50周年の記念日に合わせてキャンペーンを企画。「その日にお店に大集合し、全社で10万人に感謝を届けましょう」と、絵はがきを10万枚配布して『ありがとう』を伝えたい人に、はがきを出しましょう」と全国のハクジュプラザのお客様に呼びかけた。家族や友人に出す人もいれば、店舗スタッフに感謝の気持ちをしたためる人もいた。

キャンペーンの際に制作された松井五郎作詞、森山良子作曲・歌唱によるイメージソング『ずっとありがとう』には、社員の「ありがとう」という声が収録されている。

そのほか浩之氏は、一般社団法人スマートウエルネスコミュニティ（ＳＷＣ）協議会に法人として会員になり、健康情報を伝達する市民を育成する「健幸アンバサダー養成講座」のマスターファシリテータ資格を取るなど活動範囲を広げている。

健康をトータルでサポートする事業展開を行う白寿生科学研究所は、人生１００年時代におけるパイオニア企業といえよう。

株式会社白寿生科学研究所

▶住所

本社　東京都渋谷区富ヶ谷1-37-5

TEL 03-5478-8910

▶URL

http://www.hakuju.co.jp

宇宙から地中まで最適環境を創造する……シェア75%を25年キープしながら世界に進出しているニッチトップメーカー

株式会社流機エンジニアリング

Ryuki Engineering Inc.

事業内容

環境装置の開発製造、設置・整備・保守およびレンタル

企業価値

1）環境ソリューション・エンジニアリングを中核事業に、課題に応じて製造やカスタマイズができる技術力を有して、生産や工事の現場の環境改善に貢献。

2）保有製品3500アイテムを組み合わせて提供し、整備、保守管理、改善提案を行うことで顧客から厚い信頼を得ている。

3）全社員が意見や提案を出すしくみや機会を数多く設けて、一人ひとりが仕事に主体的に取り組める就労環境をつくっている。

4）数々の受賞歴があり、ワークライフバランス認定、優秀経営者賞、ウーマンエンパワーアワード、知財百選など。2019年は優秀環境装置表彰を受けた。

社会が求める環境ソリューション・エンジニアリング

空気やガス、水、油、粉塵、におい、音といったものを無害化する環境ソリューション・エンジニアリングを中核事業とする、株式会社流機エンジニアリング。「流」体を「機」械で「エンジニアリング」すると社名が付けられた。

中核技術は「フィルター応用技術」と、代表取締役社長の西村司氏は言う。

「建設現場や製造工場で、空気や水を通流させ、フィルターを使って粉塵を漉したり、においや音を吸着したりします。高温・低温、強酸性・強アルカリ性など扱う物質や環境に応じて異なる装置を組み合わせて応用するのが得意です」。

この得意技を中心に、宇宙、航空、建設、製鉄、化学、製薬、食品……と多様な分野の生産や実験装置建設などの現場から声が掛かる。機械設備を設置するための図面を引き、機械設備を設置し、現場で工事が続く期間中メンテナンスを行う。作業をする人が安全かつ働きやすく、周辺地域にも影響を及ぼさない環境をつくる役割だ。人間の生活、

株式会社流機エンジニアリング代表取締役社長・西村司氏

自然保護、温暖化対策とあらゆる面で環境対策が必要になっている今、流機エンジニアリングの存在はますます重要性を増している。

業界の注目を浴びたのは、青函トンネルの工事現場に独自に製作したフィルター装置を持ち込んで好評を得たことからだ。

その機械づくりの技術力とメンテナンスの良さが知られて、全国のトンネル建設工事から依頼が来るきっかけとなり、徐々に地下・地上の建設工事、製造工場などへと顧客は広がっていった。

初めての筑波宇宙センターの仕事は、日本から打ち上げるロケットが超音速で大気圏を通過するまでの音響衝撃を再現する実験での音響試験設備の点検・メンテナンス業務。翌年は試験設備の増設と機器設置の工事を受注した。

打ち上げるロケットが大きくなれば実験装置も二回りも三回りも大きなものになった。光学系衛星のために、窒素ガスによる設備改修も行った。さらに、種子島・内之浦宇宙センターのロケット打ち上げ支援設備も納入した。

流機エンジニアリングは、仕様書通りに製作・設置・管理するだけではない。緻密なメンテナンスの実績と、現場で改善提案をして、すぐに機械設備の改造を試す柔軟性がある点が評価を高めた。

宇宙ができるのなら飛行機もできるだろうと、航空機産業からも風洞試験設備の仕事が来た。宇宙・航空ができるのなら原子力もできるだろうと、原子力発電所で人が作業しやすいように除染装置や構内作業の自動化に携わった。

圧気ブロワという特殊な機械の制御から改造、応用へ

１９７７年に創業した当時は、地下工事の現場で圧気ブロワの販売コンサルタントや運用を請け負う会社だった。地下を掘ると深さに応じて地下水が湧き出るので、圧気ブロワで圧縮空気を送って気圧を水の圧力と同程度に高めて水が出ないようにする。その装置の扱いが難しいため、工事中の機械操作とメンテナンスなどの運用を流機エンジニアリングが任されていた。やがて、客先預り品の保管や中古品の売買を行うばかりか、購入先に合わせて使い勝手よく改造して納めることも始めた。

また、圧気ブロワは埃に弱い機械だったので、独自の改良で細かい埃が入らない強力フィルターを製作した。この発展形で前述の青函トンネルの工事現場に納めたのが、流機エンジニアリング製集塵機第一号となった。この頃から、全国のトンネル工事や建設工事から、圧気ブロワはもちろん、集塵機や送風機、排気ガスの黒煙浄化装置などの設置・メンテナンス依頼が舞い込むようになり、頑丈なもの、コンパクトなものと要望に応えて改良を手掛ける。やがてそれらの機械を一から製造するようになり、流機エンジニアリングはメーカー志向を強めていった。

それと同時期に、建設業界ではゼネコンが工事現場の環境設備装置や機器を自社で保有せず、現場ごと期間ごとに調達する傾向が見え始めた。コストとリスクを軽減しつつも良い機材を良いサービスで利用しようというわけだ。

これは大手企業が機材購入をしなくなるということであり、流機エンジニアリングの機器販売の業態にとっては打撃に思えた。さらに、流機エンジニアリングの製品を廉価で貸し出す業者や、正しく運用できない業者の問題が顕在化していた。

1995年、ついにトンネル工事換気設備において販売はしないと決断する。自社開発した機械設備は自社で保有して、レンタル・運用サービスを事業化することに決めた。

この決断ができたのは、目詰まりしないフィルターを搭載した新製品、大型集塵機の完成というエポックがあったからだ。

特許技術でもある目詰まりしないフィルターのアイデアは、現会長の西村章氏がヨーロッパ式の煙突掃除から思いついた。煙突の焚き口のほうからドンと空砲を撃ってその振動で内壁の煤を下に落としていたのをヒントに、フィルターに高圧の空気を一瞬放ってマッハの衝撃波を起こしてフィルターに付いた塵を落とす技術を開発した。掃除が不要になれば、ふるい落とすための振動や衝撃によってフィルターに隙間ができたり破損が生じたりするデメリットもなく、フィルターを交換する必要もない。大型化も可能になる。この新製品開発によって、環境ソリューションの機械メーカーとしての将来が見えた出来事だった。

世界最大級の機械設備3500台を四半世紀前からサブスクリプション

環境ソリューションの機械設備レンタルを開始することに決めたものの、機械設備は高価だ。そこで始めたのが「買戻し条件付き販売」という方法。たとえば3000万円の機械設備であれば、建設会社の頭金は3000万円とし、2年後に1000万円を返却して機材を返してもらうという契約をする。頭金をいただいて、現場に設置し、メンテナンス・トラブルシューティングも含めて運用サービスを行い、2年後に工事が完了したら機械設備を買い戻す。

ゼネコン側は一度購入し、2年後売却する形。流機エンジニアリングにとっては、帳簿上は販売した製品であるが自社のものという意識だから、運用中もよりよく活用できるように気を配り、改善提案もする。ただし、必ず返却してもらうのが条件だ。

この方式は、現場が不自由なく機能し、コスト面の損もないと、ほとんどの企業が理解を示してくれた。メンテナンスのよさと合理的なコストが評価され、継続的な取引となっていった。

もちろん現在は、通常のレンタルシステムになっている。つくばテクノセンター（茨城県筑西市）の約7万平方メートルの敷地には大小合わせて3500台の機械設備を保有し、なかでも大型集塵機300台、送風機650台の保有は他に類のない数だ。各工事現場にここ

大型集塵機を用いる山岳トンネル工事

から機械設備を送り、戻って来たものを整備する。

「買戻し方式のおかげで、本格的なレンタル時代が来た頃には自社機材が揃っていました。レンタルは、大手機械メーカーと大手ゼネコン間では成立しても、中小のレンタル業者の新規参入は難しい。大手は概ねメンテナンスサービスや細かい改良が不得意であり、当社はそれを強みにできているという点が有利に働いています」(西村氏)。

もう一つ、忘れてならない大きな事案がある。2011年に発生した東北地方太平洋沖地震によって起こった福島第一原子力発電所事故の放射能除染処理に流機エンジニアリングは手を挙げた。突発的な事故対策の工事や処理は、常に扱う物質が注意を要する。原子力の場合は品質管理が細かく厳しく定められていた。品質管理とPDCAの書類を迅速に整備できて、緊急的な仮設現場ですぐに対応できる会社は流機エンジニアリング以外になかった。結果、独占的に請け負うことになったし、汚染水処理を試験施工したことを機に、水ソリューション事業を推進していく覚悟も固まった。

「ほかの企業が嫌がること、先行企業にできないこと、それを避けずに価値提供をしていかなくては」と西村氏は考えている。

全社員技術営業化による顧客価値創造

流機エンジニアリングの強みは、何といってもメーカーであること。機械には常に新しい機能が求められるものだが、現場でメンテナンスをするなかでニーズを発見して、新しい価値を加えていく技術力がある。

営業担当は作業着、ヘルメット、工具を携行して現場を訪問する。現場勤務の社員も取引先と応接する。顧客の事業内容や使用機械の知識を予め学習して、求められたら対応できるように、スキルマップに準じた社内教育を徹底して、日ごろから備えている。

市原テクノセンター（千葉県市原市）では常時、要素研究を行い、新機能開発や現場から届くニーズを満たす技術を探っている。つくばテクノセンターは、製造・メンテナンスを行う。

取引先が多様な分、求められることも異なる。建設工事で求められる精密度と、宇宙航空系や薬品に求められる精密度ではけた違いの開きがある。たとえば毎分10立米（1分間に10立方メートルの空気を出し入れ）の集塵機の場合、工事現場向けなら10万円台で提案できても、製薬業向けステン

イプシロン運搬架台、治具

レス製自動洗浄機能付きともなれば一台５００万円以上で検討しなくてはいけない。両方を知っていてこそ、新しい相談に対応できる。

製品およびメンテナンスの高品質を支えるのは、現場の社員や営業担当だ。青函トンネル工事でフィルター設備を開発したように、現場で働く人たちが求めているニーズを読み取る。

「現場の人は、進行、安全が一番。だからしょっちゅう目詰まりでフィルターメンテナンスをしたり、五感で製品の性能が感じられないようなものは嫌われます。機械は容易にトラックに載せて移動できるサイズが好ましく、大き過ぎてはダメ。性能、大きさ、メンテナンスフリーが良い機械の条件なんです」と西村氏。自身が現場で知ったことだ。

顧客側にはどれだけのことが可能なのかわからない部分もあり、いろいろなアイデアを提案しながら、真の要望に適うものをつくり出すところが難しさであり、ものづくりの楽しさでもある。

新しい機能は、既存の機能を発展させてつくり出すことも多い。保有する３５００台のなかから機械Aと機械Bを組み合わせて新しく機械Cをつくるスクラップアンドビルドがフレキシブルにできることは、環境面でも価格面でも価値がある。

実業で社会貢献、CSV経営、SDGs経営

今、流機エンジニアリングの売上の50％はトンネル工事、20％は環境対策工事、残りの30％を宇宙・航空、重工業、化学・製薬・食品が分け合っている。環境対策工事はアスベスト対策、新しい

市場として開設された東京豊洲の土壌改良、福島の放射性廃棄物中間貯蔵施設などの工事。環境対策は社会の大きな課題だ。

「大気浄化に関わる企業が全国におよそ200社あり、うちのシェアは約1%。流機エンジニアリングの技術をもっとアピールしなくてはいけないと思います。むろん長いお付き合いをいただいているお客様は大切です。けれど環境ソリューションにはニーズも技術も新しいものが加わっていく。新案件が加わることで、会社の実力は強化されます」と、西村氏は次のステップを見据える。

流機エンジニアリングは2019年の1年間で、マスコミに200件以上露出した。送風機で強風を起こす装置などにテレビが飛びついたこともあるが、環境ソリューションへの関心の高まりや、優良企業として注目された面もある。

「まだ見たことのない世界からどんなニーズを運んでこようか。こちらにも興味があるので、マス

台風実験の報道協力150件

送風機を用いた台風実験

コミには協力しますし、ウェブを中心に広報活動にも力を入れています」(西村氏)。

　環境ソリューションに携わる流機エンジニアリングは、事業そのものが地球環境保全に通じる。会社の事業や製品は、誰もが関心をもつ対象であり、それを踏まえて、社員には主体的に仕事に向き合い、仕事のなかに自分の成長を見出してもらいたいと西村氏は願う。

「積極的に新しいことを考え、発信してほしい。部署を問わず、みんなのアイデアや意見が新しい展開につながるのです。それに、会社でも楽しいことをやりたいですよね。会社の求めること、安全の確保などはしっかり胸に刻んでもらいますが、自分の頭で考える、主体性や責任感は必要です。失敗も許容する文化をもっていますから安心してチャレンジしてほしい」と西村氏は言う。

　流機エンジニアリングでは、本社、各現場、テクノセンター、福岡営業所それぞれの場で働く社

夏は海外、冬は温泉の研修旅行

年２回の社員研修旅行

員全員がつながりをもっている。

年2回の社員旅行、毎月の行事と、社員が交流する機会が多い。全社員がランダムの6人組に編成されて一つのお題で飲み会かランチ会を行い、そこで出た意見と領収書の提出で精算されるユニークな制度もある。「年末には、昼から朝まで最高10次会まで開催したことがあります」(西村氏)。

一般的な会社の組織図における部署数は、五つの部と紐づくグループをすべて合わせて20ほどあるが、技術、営業、工場から選抜した横断組織の数もまた20ほどが存在している。新商品開発、保健衛生、ITインフラ、安全、不具合対策、提案制度などの委員会やプロジェクトを指すものであり、なるべく多くの社員が二足のワラジを履いていることが理想としている。

「年間を通じて社員が交流する機会をつくることで、意見を出しやすいし、理解し合える。提案すれば、会長だろうが社長だろうが誰もが耳を傾ける。一人ひとりが『親方』になって必要に応じて小集団を組んで仕事ができるような関係になったらいいなと願います」(西村氏)。

社長にこう言われては、社員の意識も、与えられた仕事をこなすだけではいけないと変わらざるを得ないだろう。

株式会社流機エンジニアリング

住所
本社　東京都港区三田3-4-2 いちご聖坂ビル
TEL 03-3452-7400（代表）／FAX 03-3452-5370

URL
http://www.ryuki.com/

パン用天然酵母づくり50年
天然培養酵母のおいしさを広めるため
発酵パン販売やベーカリー開業支援も

有限会社あこ天然酵母

AKO TENNEN KOUBO Co., Ltd.

事業内容

オリジナル天然酵母（生種）および発酵パンの製造販売

企業価値

1）酵母菌に米・小麦粉、水、そして麹菌を加えて培養する、独自の酵母「あこ天然培養酵母®」を製造・販売し、小麦の風味豊かでうま味のあるパン生地づくりを提案。

2）天然酵母のパイオニア星野昌氏の技法を継承し、そこからさらに発酵臭の除去や、地域特産の酵母を用いたパン用酵母を培養するなど、研究・工夫を重ねている。

3）パンの原材料以外の添加物を一切加えないあこ天然培養酵母パンのおいしさを追求するため、実際に、パン製造および販売に取り組む。

4）ベーカリー営業者・開業希望者向けに研修制度を設け、パン製造現場であこ天然培養酵母パンの製造指導を行い、天然酵母ベーカリーの開業を支援している。

○米・小麦粉・水、そして麹で培養する酵母

有限会社あこ天然酵母は、独自の製法に基づくパン用の酵母を製造・販売している。

「酵母はもともと自然界に存在する生物ですから、天然と付けるのもおかしいのですが、米・小麦粉・水・酵母・麹以外のものは一切使わず、酵母と麹の働きに任せて『培養』しているので天然酵母と言うようになりました。うちでつくる酵母は『あこ天然培養酵母』という名称で商標登録しています。そもそも天然酵母と言い始めたのは、どうも師匠だったようです」。

こう話すあこ天然酵母の代表取締役社長・近藤泰弘氏が師匠と言うのは、天然酵母のパイオニアといわれるホシノ酵母の創始者、星野昌《ほしのあきら》氏のことだ。近藤氏は、星野氏と一緒に25年間天然酵母づくりに打ち込み、星野氏が亡くなった後も有限会社ホシノ天然酵母パン種に8年間在籍した経歴をもつ。

遠い昔から、穀物や果実に含まれている酵母を使って、西欧ではワインやパンが、日本では酒や味噌、醤油が製造されてきた。日本のパンづくりでも、いち早く麹を使った酒種あんパンがつくられている。

「ほのかに酒の香りが残るのがおいしくて、酒種あんパンはたちまち定着しました。米と麹を加えて培養したホシノ酵母も、発売当初は菓子パン専用でした。おいしくふっくら焼けるというので評判がよく、そうなると、食パン用に香りを抑えた酵母が求められます。師匠と私は、年月をかけて

発酵のあとに残る香りを除き、食パン用に使える酵母を開発しました」（近藤氏）。

独立後も近藤氏は、酵母の培養を研究し続けてきた。植物から取り出した、ほんの爪の先ほど少量の酵母を種にして、それに米・小麦粉・水を加えて培養するのだが、ホシノ酵母と同様にあこ天然培養酵母も、麹を加えるのが特徴だ。

「麹が酵母の働きを助ける。それだけでなく、タンパク質をアミノ酸に分解して、うま味をもたらしてくれる。酵母と麹と二人三脚であるところがおいしいパンになる理由です」と語る近藤氏は、とりわけ原料を吟味している。２００９年からカナダ・アメリカ産の最高級小麦粉、２０１２年から滋賀県産の低農薬米を使うようになり、それに特殊な浄化装置を使ってミネラル分だけを残したまろやかな水を加えている。そして、こう続ける。

「酵母づくりの最高の条件をつくりあげました。種になる酵母も多方面の協力を得て全国各地から採取しています。そして、発酵の残り香の除去には、私独自の最後のひと手間を加えています」。

有限会社あこ天然酵母代表取締役社長・近藤泰弘氏

近藤氏は、以前、天然酵母パンの普及につながる講習会の一つ、中目黒の製パン学校の講師に招かれたときに、若い女性たちから、天然酵母のパンは発酵の匂いが気になるという感想を聞いた。このとき、酵母に改良の余地があることに気づき、研究を重ねてきたという。

こうしてできあがったあこ天然培養酵母は、小麦粉の香りを際立たせるクセのなさ、麹が引き出すうま味、安定した発酵力、と三拍子そろった、完成度の高いパンをつくるための酵母と、近藤氏は自負する。

アルバイトから始まった深い絆

近藤氏が、当時東京・世田谷にあったホシノ酵母パン種研究所で働き始めたのは1970年のこと、23歳だった。大学を卒業したものの、就職先を決め兼ねて迷っていたとき、近所でアルバイト募集をしていると聞き、訪ねてみたのだ。これが、星野氏との運命的な出会いだ。

「パンをつくるのかと思って行ったら、酵母でした。何もわからないまま粉を混ぜたり、できた酵母を顧客のところへ配達したりするのが仕事でした」(近藤氏)。

近藤氏は、他のアルバイトが短期間で入れ替わるなか、作業場が多摩地域の東村山市へ、さらには町田市へと移転しても、常に星野氏と行動を共にし、酵母づくりを助けた。

「町田では、師匠と私は職住一体の二人暮らし。酵母づくりの作業以外の時間は、食事づくりと酵母の配達を、師匠と私で分担する暮らしが10年くらい続きました。その間に、ホシノ酵母の売れ行きは年を追うごとに伸び、師匠が再婚されると、三人で夢中で働きました」(近藤氏)。

NHKの番組に取りあげられたのを契機に、ホシノ酵母の名前が知られるようになって、町田市役所から主婦向けのパンづくり講習会の依頼が来た。すでに高齢になっていた星野氏に代わって近藤氏が講師を務めた。この「天然酵母のなべ焼きパン」講習会は、毎回50〜60人の参加者を集める人気で、車に道具一式を積んで講習会に出かけ、終えて工場に戻るや酵母づくりという日々が続いた。当時は従業員を増やしても追いつかないほど忙しかった。

星野氏の晩年は、星野夫人が経営面を、近藤氏は酵母づくりを担当していたが、1993年に星野氏が死去して、状況が変わった。

「師匠の前の奥さんとの間に生まれたご子息が経営に加わるようになり、今までの方針とはブレが生じてきました。それでも8年頑張ったのですが、師匠の奥さんとともに新しく会社を設立することにしました」と近藤氏は振り返る。

本社と本社工場

多摩市に作業場をつくり、2002年に有限会社あこ天然酵母を立ち上げた。酵母づくりと同時に、ベーカリー「あこ庵」も開いた。あこ天然培養酵母で発酵させてつくった、無添加のおいしい発酵パンを実際に食べてもらおうと考えたのだ。

「その後、多摩センターから八王子に移転しました。あこ天然培養酵母を定期的に買ってくださるお客様が400軒ほどに膨れ上がっており、さらに車でパンを買いに来られるお客様で、週末はご近所に迷惑をかけるようになっていました」(近藤氏)。

現在の八王子の地には2010年に移転した。近藤氏がまだ野趣の残るところが気に入って決めたという。酵母づくり、パンづくり、そして本社機能を置いている。それから10年、あこ天然酵母の商品は、十分な生産方法が確立され、販路も確立している。

「私は『一弟子直伝の技』を星野師匠に授けられたと思っています。師匠の酵母を受け継ぎ守っているあこ天然培養酵母を、次の世代につなぐのが使命です」と近藤氏は言う。

オフィスの応接セットの奥には、故星野夫妻の写真を掲げ、命日には墓参を欠かさない。「あこ天然酵母」の「あ」は星野昌(あきら)氏の「あ」、「こ」は近藤氏の「こ」。あこ天然酵母のネーミングに、師への思いが込められている。

あこ天然培養酵母のラインナップ

あこ天然酵母の事業は、あこ天然培養酵母の製造販売と発酵パンの製造販売と、二本立てだ。現在は、経営と販売の実務大半を長女の近藤直子氏が専務取締役として担っている。酵母製造とパン工房の現場は取締役の鹿島紀史氏の受け持ち。従業員はパートタイマーも含めて15人だ。事業のすべてに精通している近藤氏は、一歩下がって目を配りながら、さらなる酵母と発酵の研究や、パン生地の開発に取り組んでいる。

「酵母は摂氏30度が適温です。日本酒づくりでは寒仕込みを行いますが、酵母は夏のほうがよく働くのです。そのため冬は酵母が活発に働いてくれる摂氏30度前後の環境を人工的に整えています。そうすることにより、クセがなくスッキリした味を醸し出してくれるのです。酵母が素直に働いてくれるためでしょう」（近藤氏）。

あこ天然培養酵母には食パン・菓子パン用のストロングタイプと、バゲットやカンパーニュなどハード系（フランスパンなど）用のライトタイプの2種がある。いずれも粉末状になっており、酵母500グラムで約28キロ分のパン（食パンなら70斤、

酵母を製造する鹿島氏

バゲットなら80本に相当）をつくることができる。

大型店向けには、即日種《そくじつたね》といって、種起こしに要する時間が大幅に短縮できるものも生産している。

また、季節限定酵母や地域限定酵母も商品化している。

「石割桜《いしわりざくら》の酵母®」は、国の天然記念物「石割桜」（岩手県盛岡市）の花弁から分離した酵母を用いたもの。岩手県の地域産業振興事業の一環として、北里大学海洋バイオテクノロジー釜石研究所とあこ天然酵母が共同研究を行い、パン用酵母の培養に成功した。あこ天然酵母では、この石割桜の酵母®には、ストロングタイプに「芳醇《ほうじゅん》」、ライトタイプには「淡味《たんみ》」と、特別の名称を付けた。

「地域の酵母を種にすることで、パンを買う人たちに親しみをもってもらえます。愛知県岡崎市から地産地消商品の一つにと声をかけられてつくった『家康酵母』、山梨県庁の肝いりでつくった『富士山酵母』などは好評です」（近藤氏）。

これまでに6種、開発したという。自ら声をかけてつくった徳島県神山町の「神山梅の里酵母」は、「盛り上がりに乏しかった。おいしいパンがつくれる酵母というだけではだめなんですね。神山町は私の故郷なのですが、難しいものです」と近藤氏。

販売先は、製パン関連の卸代理店、大手小売業者、大型ベーカリー、一般ベーカリー。ベーカリー向けのみウェブサイトからの直売も行っている。

「台湾では50店ほどのベーカリーがあこ天然培養酵母を使ってくださっています。関税がかかりますし、また商社に入ってもらっているため、どうしても現地での販売価格は割高になります。それでも品質を認めてご利用いただいていることがありがたいです」(直子氏)。

直子氏は、他のアジア諸国やヨーロッパにも可能性を感じている。

「あこ天然培養酵母を使った発酵パンのなかでも、砂糖・塩のみでつくるシンプルな食パンは麹のもたらすうま味が生きていることがよくわかります。麹は日本独自のものですが、あこ天然培養酵母を使ってパンを焼くことは世界どこでも可能ですし、おいしさも受け入れられると思います」(直子氏)。

実際、あこ天然培養酵母を使ってアメリカでビジネスを計画中の会社や、カトマンズでパンを焼いているネパール人もいるという。

即完売の「あこ庵」のパン

「あこ庵」という屋号のもと、あこ天然培養酵母を使用したパンの卸販売を行っている。

あこ庵のパンは、本社工場の一部にあるパン工房でつくっている。

「パンの主役は小麦粉ですから、小麦の風味を邪魔しないことが一番です。あこ天然培養酵母のもつ麹の醸し出すうま味と、それを引き立てる塩、パンの種類によっては少しの砂糖、配合はこれだけで十分」と近藤氏は言う。

定番は食パン、ロールパン、クロワッサン。食パンは、原材料にバター以外の油脂系のものが入っていないので、常温で4日程度はおいしく食べられる。

　JR八王子駅の改札前コンコースに開設されている「やまたまや」という山梨と多摩の地産品ショップやデパート高島屋で販売している。JR立川駅に隣接する高島屋立川店には毎週火曜・金曜に、新宿店には月に3回金曜に商品を納める。いずれの売場でも、あこ庵のパンは並べるとたちまち売り切れてしまう。

　高島屋との縁は、立川店の「地元のパン屋さんフェスティバル」に出店したときに生まれた。あこ庵のパンの売れ行きがすごいので、通常の出店をしないかと誘われたが、毎日出荷できるほど生産体制が整っていないため断ったのだ。その結果、現在のような変則的な納品をしている。

　直子氏の悩みは、おいしいパンだったなあと思っても、それがあこ天然酵母に直結しないので、知名度が今ひとつあがらないことだ。

「あこ庵ではネットショップも開設していますが、パンはやはり、家の近くのパン屋さんで買いた

あこ天然培養酵母のパン

いですよね。あこ庵と同じようにおいしい発酵パンを焼いてくれるベーカリーが増えてほしい」と願う直子氏だ。

ベーカリー開業を支援する研修

ベーカリーを経営している人、ベーカリー開業を志している人を対象に、天然酵母のパン研修制度を設けている。座学ではなく、本社工場での実地研修だ。近藤氏は、「要望があれば、自分が出向いて、酵母の扱い方を伝授する」とまで言う。

「全国に400軒ある、あこ天然酵母のお得意様ベーカリーは、ほとんど閉店することがありません。ここ10年で個人経営のベーカリーの3割が消えてしまった時代なのに生き残っています。地域のお客様が付いているから強いのです。あこ天然培養酵母はイーストよりずっと高価なのですが、油脂類を加えずに焼く食パンで比較すれば、原材料費は変わらないでしょう」。だから、「あこ天然培養酵母で発酵させたパンづくりに挑戦してほしい」

工場内での実地研修に参加する台湾からの研修生たち

と近藤氏は言う。

「これまでに受け入れた研修生は約250人。研修を受けて開業したのは120軒ほど。脱サラで始めた人も何人かいました。パンづくりに大事なことは情熱です。お客様を感動させたいという気持ちがあれば、技術は難しくない」(近藤氏)。

研修は最短で1泊2日。1日目は午後から生地の仕込みを行い、2日目は早朝4時から始まり、1日目に仕込んで一次発酵を終えた生地を分割・成型・焼成。昼前にパンが焼き上がる。研修料は一日3000円。有料にしたことで、本気の人だけが参加するようになったという。

「家庭でパンを焼いて楽しんでいらっしゃる方や、パンづくり教室を主宰している方のためにも、講習会を開きたいと思ってはいるのですが、まだ手が回りません」と語る直子氏には、まだまだ構想していることがあるようだ。「オリンピックもあることですし、日本独自の麹入りの酵母でつくったパンを知ってもらえるような企画を立てたいと思っています」。

情報や流通の技術革新によって、生産者と消費者が直接つながる時代となり、小規模でもリアルなコミュニティを形成しやすくなった。追い風に乗る、あこ天然酵母のさらなる飛躍が期待される。

有限会社あこ天然酵母

▶住所
本社・工場　東京都八王子市中野上町2-25-16
TEL 042-634-8600 ／ FAX 042-634-8601
▶URL
http://www.ako-tennenkoubo.com/

葬儀を通じて愛と感謝を伝えて
遺族と働く社員の未来をつくり出す
創業100年葬儀社

株式会社永田屋

NAGATAYA Co., Ltd.

事業内容

葬祭業

企業価値

1）創業100年を超えてなお、葬儀社の新しい役割を果たして地域の信頼を得ている。地域密着を貫き、24時間365日電話を受け付け、最短30分で病院や自宅に到着できる。

2）安価で加入できる、葬儀費用を軽減する会員制度「あんしん倶楽部」を展開。会員同士の交流の場を提供するとともに、地域の事業者と提携して地域活性化にも貢献。

3）葬儀関連のセミナーや相談会だけでなく、各種催しもの、グルメ関係の出店もある「HAPPY終活祭」を開催。地域の名物行事となっている

4）次世代型家族葬式場「小さな家族葬ハウス®」を設けて、お別れの時を身内だけでゆったりと過ごせる葬儀スタイルを生み出して、業界をリードする。

数百人が押し寄せる終活祭

株式会社永田屋が主催する「フジミHAPPY終活祭」当日、永田屋富士見斎場は、朝から大勢の人でごった返していた。老若男女さまざま、子ども連れの家族も多い。来訪者のお目当ては二つある。

一つは、メインホールで開かれる各種イベント。「終活なるほど教室」では、一級葬祭ディレクターの資格をもつ永田屋の社員による「今どきの家族葬と費用」と、行政書士による「おひとり様の終活」の2本の講演が開かれた。みな熱心に耳を傾け、メモを取る人、質問する人と積極的だ。この日は音楽葬の実演会もあり、キーボード、バイオリン、フルートの生演奏が約1時間と本番さながらで、しっとりと心に沁みわたる。恒例の納棺実演会は、希望者がお棺に入ってみるという画期的な体験会だ。

2階では、化粧品会社、接骨院、永代供養などの事業者が机を並べて、無料で相談ができるようになっており、こちらもいっぱいの人だ。

ハッピー終活祭

もう一つのお目当ては玄関前にテントを張って設営されたグルメガーデン。この日はタピオカミルクティー（100円）、ローストビーフ丼（200円）、ヒレカツ（100円）、コロッケ（50円）などが並んだ。事前に配布されたチラシに付いている無料券を手にしている人もいる。そこが葬祭場であることを忘れるほど活気と笑顔が満ちている。

終活祭は誰でも参加できるイベントで、セレモニーホール永田屋、永田屋富士見斎場、メモリアルハウス小田急相模原で、それぞれの所属スタッフが主体的に取り組んで開催している。いずれも500〜1000人が訪れるという。

葬儀を事前に考える人が増えたことは、今の時代の特徴といえる。終活という言葉も一過性のブームではない時代の流れだろう。永田屋ではニーズに応えて、地域の人が楽しめる終活イベントを提供している。

終活なるほど教室

永田屋には会員制度もある。1996年にスタートした「あんしん倶楽部」は入会金1万円を申し受けるが、以後は月々の積立や年会費など一切なく無期限に利用できる。特典は葬儀費用の割引が中心だが、その他の特典も多く、会員たちは「終活なるほど教室」参加や個別相談などのサービスが何回でも利用できることにメリットを感じているようだ。

ユニークなのは、飲食店をはじめ地域のサービス業約200社の利用に割引が受けられる特典。地域とともに生きる永田屋らしく、個人商店と連携を呼びかけて始まったこのサービスに、今ではビックカメラやマクドナルドなどの大手の店舗も加入している。

37歳で100年の歴史を継承

神奈川県相模原市で永田屋といえば知らぬ人はいない老舗の葬儀社だ。セレモニーホール永田屋のほかに永田屋富士見斎場をはじめ市内に5拠点12式場をもつ。相模原市は高度経済成長期以後、人口が急増した。そこで永田屋は、1980年に増資を行い、初代創業の地、相原（東京都町田市）に仏壇倉庫を建設し、事業部は葬儀、仏壇、花の3部門に組織化する。2003年には富士見斎場を開設し、2012年にはリニューアル。この頃から家族葬向けの斎場の新規開設を始め

株式会社永田屋代表取締役・田中大輔氏

た。本社のあるセレモニーホール永田屋には、隣接して仏壇店と小さな家族葬ハウス®を開設して、人口約72・2万人、世帯数約32・7万戸の相模原市および周辺地域に利用者を拡げている。

永田屋のルーツは1913年に、初代、田中永太郎氏が開業した大工兼装具業「永田屋商店」にある。田中の「田」と永太郎の「永」の2文字を取って屋号ができたという。当代の代表取締役・田中大輔氏は43歳。27歳で永田屋に入社して、まさに100周年を迎えた2013年に代表取締役に就任した。

入社以来、若い力でさまざまな改革を行ってきた。会員制「あんしん倶楽部」の開設や葬儀準備セミナーなどを開催するようになったのは、田中氏のアイデアだ。

「確かに会員制度やイベントなどをやりだしたのは私が入社してからですが、それは先代社長の父が思い描いていたことを形にし、先祖が残してくれた精神を言語化しただけです」と田中氏は言う。

田中氏は、大学在学中は弁護士を目指して司法試験を受験、卒業後も合格を目指して浪人していた。何も言わずに応援してくれる両親だったが、「本音は継いでほしいんだよ」とまわりの身近な人から聞かされることもあり、20代後半になって「やはり家業を継ぐのが親孝行だと思いました。永田屋の社会的影響力、歴史、実績、葬儀社という仕事の意義も10代の頃より理解できるようになっていました」(田中氏)。

葬祭業は地域に必要不可欠な仕事。日頃から社会の役に立ち信頼されることも多い。永田屋は、利益目標が先に立つことなく積み重ねてきた信頼が100年の信用になったのだ。思いがそこに至った田中氏は、永田屋と地域を結びつける貢献活動を精力的に展開した。

そんな田中氏の手腕と、社内で人望を得ていく様子を見守っていた先代社長である父、昭氏は、創業100周年と同時に、社長交代を断行する。ところが、その直後に予期せぬことが起こる。昭氏にがんが見つかり急逝したのだ。

「72歳の突然の死でした。100年の歴史がいきなり私の肩にのしかかってきました」と田中氏は回想する。

「葬儀には1500人以上の方が来てくださって、その方々がみなさん、父について『常に人の役に立とうとしてきた人』『この地域に貢献した人』とおっしゃる。正直、父はすごいなあ、自分もこういう貢献する生き方ができたらいいなあと思いました。この父を見送った経験と、日々葬儀の仕事に向き合うことで人生に対する価値観が変わりました」(田中氏)。

遺族が明日への一歩を踏み出すための葬儀

「故人を温かく見おくり、ご遺族の悲しみを少しでも和らげ、明日への一歩を踏み出すきっかけをつくる」

田中氏が作成した、経営理念や行動指針を一冊にまとめた冊子「アファメーションブック」に、「私たちの使命」として綴られたこの言葉が、永田屋の存在理由を明らかにしている。

何時の時代も人びとは葬送の儀式を行ってきた。社会もそれを必要としてきた。田中氏は、それはなぜかと自らに問い、「確かに大切な人が亡くなるのはその人にとってマイナスなことかもしれないが、葬儀は遺族の気持ちをプラスに変える尊い儀式なのだ」と意義付けをし直した。すなわち、葬儀はネガティブなものではなく、遺族の明日につながるものにするポジティブな発想に切り替えた。

もう一つ使命としていることがある。「人の命に正しく敬意を払う日本の葬送文化を継承し、豊かにする」ことだ。

亡くなった人を弔い、その死をお悔やみする葬儀は、大切なけじめとして、日本人の生活に根付いている。それを伝統として守るだけではなく、「豊かにする」という前向きな意志が表明されている。その根本には100年企業として社会貢献する使命感がある。冊子は名刺サイズ。永田屋で働く意義と誇りをいつも胸に刻む、社員たちの道しるべだ。

永田屋のアファメーションブック

「あんしん倶楽部」は、こうした使命を前提に、相模原を中心とする地域にふさわしいサービスをしようと考えて設けられた独自の会員制度で、葬儀をどうするかという心配の相談を受け、安心に変えること、今の毎日を充実させるお手伝いをすることが目的だ。

2018年には遺族のための「分かち合いの会」も立ち上げた。分かち合いの会は、同じように悲しみをもつ人たちが会って、専門家のリードで話し合う場だ。

愛する人を失って悲しみに閉ざされた遺族を見るのは葬祭業者にとって最もつらいことだ。どうしたらサポートできるだろう。田中氏はその答えを求めて選択理論心理学を学び、死を自分の責任と責めたり、途方に暮れて消極的になっている人をサポートするために、悲しみから解き放たれる場が必要だと考えた。悲しみを言葉で語り、悲しみをもつ人がそれを聴く。似たような状況にある人同士の感情の共有で、閉ざしていた気持ちがほぐれる。「人は勇気を出して自己開示をするところから未来の話ができるようになり、明日への一歩を踏み出せるようになります」と田中氏は言う。「分かち合いの会」への参加は遺族ということだけが条件。永田屋で葬儀をした人に限ることもないし、会費や参加費用の負担もない。

こうした業務にも、社員たちは熱心に取り組んでいる。遺族のために心を込めて取り組むことが、社員たちの自己実現につながっている。

人材育成は採用面接から始まる

2020年度入社の新卒採用には420人以上の応募があった。新卒採用は始めてまだ3年だが、これまで20人を採用して成果をあげている。

「最初から葬儀の仕事がやりたくて応募してくるのではなく、人の役に立つ仕事がしたいというのが動機です。仕事の内容はまったく知らない学生たちですから、誰のために何のためになぜ葬儀の仕事をするのか、永田屋で働くのかが明確になるためのかかわり方をしています」(田中氏)。

採用活動の行程は全体説明、応募者の座談会、職場体験という三つの山と、その谷間に一次面接、二次面接があり、最終の三次面接がある。採用決定まで互いが納得するまで、会社と応募者が対話するこの期間、社員たちは日常業務をしながら、学生の役に立ちたいという思いで採用の仕事に携わる。

「社員には、採用活動を通じて自分自身も成長してほしい。採用は社員の育成事業でもあるわけです。人を変えたり、コントロールすることはできません。採用を通じて社員はそのことに気づく。自分自身が気づくことで人は成長できる。学生も、気づきを得て入社を希望してほしい」(田中氏)。

内定を出したら、内定式にはその内定者の家族も招待してコミュニケーションを取る。信頼関係を築くためには大事なことだという。

田中氏は、最初に応募者を前にして行う全体説明で自身の体験を語る。

「私たちは毎日、人の悲しみに向き合う仕事をしています。後悔の言葉もたくさん聞いています。何より、私自身も父を亡くしました。もっと親孝行すればよかった、もっと父との時間を取ればよかった、感謝の気持ちを伝えたかったと今も後悔があります。そんな自分自身を省みて葬儀の仕事に携わっています。たとえ人の死に直面した経験はなくても、これからどう生きていくかと考えることは、みなさんの人生にとってもとても大事なことです」。

新卒採用について「会社の未来をつくるために社員が学生たちにかかわることで、成長の気づきを促される。そのことが社内の活性化につながっていると、手ごたえを感じています」と田中氏は言う。

永田屋では最大12の葬儀が同時進行することもある。人の命に敬意をはらい、故人と遺族を思いやるという会社の考え方が社員一人ひとりに浸透し、日頃からの行動になっているから、その場で予定が変わっても対応できるという。

従業員は約100名。24時間365日電話受付の体制を取り、必要な手配を開始する。そのために、顧客や進行中の事案をデータ化して情報共有している。昨今の働き方改革に先駆けて、チームワークを重視した仕事の分担を実現し、複数のスタッフで顧客の満足度を高めることができた。一人の担当者に負担がかかりすぎることもなくなり、社員は休みを取りやすくなったという。

大切にしたい想いの形

寿命が延び、核家族化が進んだ今の時代、70代の子が、90歳や100歳の親を送る葬儀も珍しくない。仕事関係者が焼香の列をつくる大規模な葬儀に代わって、少人数で行う葬儀が増えた。また、自宅で葬儀を執り行うケースはほとんどなくなっている昨今、家族だけで見送ってほしい、見送りたいという故人や遺族の意向も多い。家族葬には家族葬に適した場所が必要になっている。

そこで、永田屋は「ハウスエンディング®」という家族葬ブランドを打ち出した。

本社に隣接する場所に建設されている、2階建ての「小さな家族葬ハウス®」は参列者20名まで。メモリアルハウス城山、メモリアルハウス西橋本は50名まで。一般葬儀の利用が多い富士見斎場とメモリアルハウス小田急相模原は100名以上に対応できる。2020年春には町田市・木曽にも式場をオープンした。

小さな家族葬ハウス®や、国内初のハウスエンディング型式場のメモリアルハウス城山等は従来の葬儀にとらわれない、まるで自宅のようにアットホームな雰囲気のなかでお別れができる新たな形だ。社会の要請に応える永田屋の主軸事業となるものだ。

五つの式場に共通しているのは、ご遺体安

永田屋富士見斎場
神奈川県相模原市中央区富士見3-1-1

メモリアルハウス城山
神奈川県相模原市緑区向原4-5-1

メモリアルハウス西橋本
神奈川県相模原市緑区西橋本5-4-1

小さな家族葬ハウス®
神奈川県相模原市緑区橋本8-1-1

メモリアルハウス
小田急相模原
神奈川県相模原市南区南台3-8-1

小さな家族葬ハウス®
町田木曽
東京都町田市木曽東3-33-1

置施設とご葬儀相談サロンがあり、一日1組限定の貸し切り利用、駐車場完備ということ。むろん法要に使ってもいい。

「葬儀の仕事は一生懸命やればやるほどありがとうを言ってもらえる感謝される仕事。そこに達成感、充実感、やりがいを見出すことができます。すなわち、葬儀の仕事は、人の命の大切さを教えてくれる、人のために尽くす気持ちを育ててくれる、そして自分を成長させてくれる究極のサービス業といえます。だからこそ、命の大切さをきちんと受け止められる豊かな感性をもつ『人財』の育成が、葬祭業には必要です。永田屋は故人やご遺族に対して変わらぬ悲しみの心をもって向き合うことによって、人と社会のために尽くすことのできる使命感と豊かな感性をもった人財を育てていきます」と田中氏は言う。

「そして、永田屋はこの葬祭事業を通じて人の一番大切なものである『愛・感謝』を伝えて、遺族や社員の未来をつくり、ひいては明るい豊かな社会を実現していきます。それによって社会を、日本を良くしていく。目指すのはお客様、社員、社会の三方を満たす、三方よし日本一の葬儀社です」。

日本を代表する100年企業の一つである永田屋は、次の100年に向かって前進している。

株式会社永田屋

▶**住所**

本社　神奈川県相模原市緑区橋本8-1-1

TEL 042-772-2554 ／ FAX 042-773-2565

▶**URL**

https://www.e-nagataya.com/

ユーザーの声を聴いて改良を重ねる
伝統の行き着いた先には
オンリーワンのものづくり

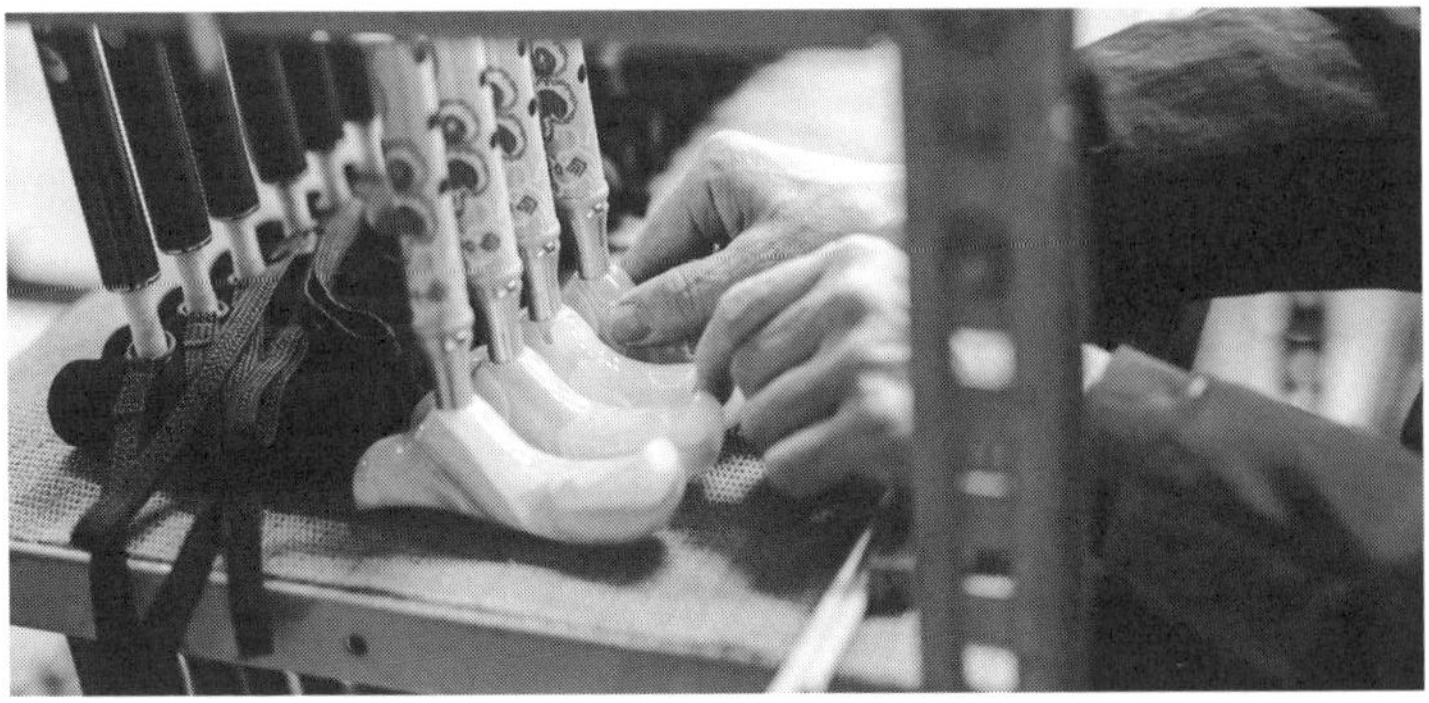

株式会社シナノ

SINANO COMPANY, LTD.

事業内容

歩行杖、スキーポール、ウォーキングポール、トレッキングポールなどの製造・販売

企業価値

1）スキーポール「SINANO」は製造100年の歴史を持ち、国内シェア約40%を誇るトップブランドの地位を築いている。

2）高齢者用の国産杖の直営専門店を開き、ユーザーのニーズを反映した商品開発を行い、歩行杖のシェアを拡大。

3）パイプへのフルカラー印刷技術による一点もののデザインや、3Dプリンタによる樹脂型づくりと高い切削加工技術による一人ひとりの握り手にしっくり合うグリップの開発など、独自技術によるオンリーワンのものづくりを推進する。

4）SNSを多用するなど、情報発信に力を入れる。

使う人の声に耳を傾けてつくる歩行杖

東京・吉祥寺の中道通り商店街の一角に、杖がずらりと並んでいるギャラリーのような店がある。色合い豊かなシャフト（杖の柄の部分）は、細かな柄や凹凸、グラデーションが施されている。ここは「ステッキ工房シナノ」２号店。株式会社シナノが２０１８年に開設した高齢者用のウォーキングステッキ（歩行杖）の専門店だ。

シナノといえば、プロアマ問わずスキープレーヤーなら誰もが知っているスキーポールブランド。ポール製品はスキー用に限らず、トレッキング用も早くから製造を始めており、今はトレイルランニング専用ポールやウォーキングポールも揃える。売上高はここ数年で、スキーポールを抜いて歩行杖がトップに立った。実は今、歩行杖の需要は歩くのが困難な人だけでなく、もっと広くアクティブな高齢者層まで広がっている。

「インターネットで直販も行っていますが、直営店ならユーザーの声を聴き、ニーズを捉えることができます。それを

東京・吉祥寺にあるステッキ工房シナノ

反映して改良を重ねるのがシナノのものづくりの伝統です」

と語るのは、シナノの代表取締役社長・柳澤光宏氏だ。

1号店は、2015年に東京・有楽町の交通会館の地下1階に出店した。交通会館には各県の名産品販売店舗が並んでいて人通りが多く、平日の日中は高齢者も多い。大型商業施設でありながら店舗運営の制約が少ないことも好都合だった。ターゲット客層の手ごたえを十分に感じ、軌道に乗ったところで路面店の出店を計画。場所探しに1年以上かけて、吉祥寺に開店した。小エリア、小スペースで、店員は1人。2店を3人のスタッフで回している。

「直営店を展開した理由は三つあります。一つは杖のイメージを払拭したかったことです。これまで杖は介護用品売り場に陳列され、足の悪い方や介護が必要な方というようなイメージですが、もっとファッションの一部としてポジティブに持っていただけるような想いを込めた店づくりにしています。二つ目が前述した商品開発につなげるため。三つ目が国産杖専門店としてのブランド力向上。間接的に売上に貢献しているだけでなく、杖だけのお店ということで注目され、ブランド力が上がりました。いずれは仙台、名古屋、大阪、広島、福岡といった都市にも開設したいと考えています」（柳澤氏）。

株式会社シナノ代表取締役社長・柳澤光宏氏

スキーポールの長年の技術を生かした歩行杖「カイノス」

シナノがウォーキングステッキ（歩行杖）ブランド「カイノス＝Ｋａｉｎｏｓ」を立ち上げたのは１９９９年。柳澤氏の入社前のことだ。杖は弱ってきた足腰の補助具としての役割だけでなく、より長い距離を歩くことを可能にするものだ。シナノは、安全性、強度、使いやすさはもちろん、ファッション性も必要と考えて開発を進めている。

安全性は自社の安全基準をベースにしているが、ＳＧ認証およびＳＧ工場登録を製品ごとに取って、より確実なものとしている。ＳＧ（Safety Goods）マーク制度は、製品安全協会が定める一定の安全基準で、製品ごとに検査・認証基準が定められており、ＳＧ工場登録はＳＧ基準に適合する製品を安定的に継続的に製造できる工場に与えられる。

ＳＧマークのある製品は欠陥による人身事故があった場合の賠償措置があるのが特徴で、取得は会社としての信用でもあり、従業員の安全意識も高まる。

強度に関しては、シナノのスキーポールの技術力がものを言う。ポールには強さに加えて軽さが求められる。シャフトはシナノオリジナル設計のアルミ合金が大半だが、カーボン製もある。

形状は伸縮タイプと折りたたみタイプのほか、最長95センチを57センチまで伸縮できる「カイノス自由自在杖」がある。これはシャフトの上部にアンロックグリップを加え、押し下げるとロックが外れて縮めたり伸ばしたりできるもの。もともと片手が不自由な方から「片手で伸び縮みできる杖が欲しい」という要望から開発がスタートした商品だ。

手が常に触れているグリップはユーザーがとくに気になるところだ。スキーポールで培った技術力を生かし握りやすさを追求。杖を突いたときに手のひらにかかる力を科学的数値に置き換え、握りやすい形を開発した。グリップとの接点となるシャフトの上部が細く絞ってあり、しっかり握れるようになっている。この「スリムネック」デザインはシナノの杖の特長の一つであり、今では他社も採用しており杖のスタンダードをつくり出した。

グリップの素材は、木材（黒檀・花梨）、アクリル、カーボン、またそれらと発泡ゴムを組み合わせた「ソフトグリップ」、手のひらが当たるところにゲル状の樹脂を内蔵し、表面は粗シボ加工で滑りにくくした「やわらGELグリップ」など幅広い。さらに、シャフトと接する側はハード材質、手のひら側はソフト材質の二質複合成型グリップに、素材に抗菌剤を配合した「抗菌楽〜ダ」など、ユーザーの声を開発に結びつけた製品も多い。

こうした工夫には、異業種とのコラボレーションが欠かせない。シナノでは積極的に技術協力や共同開発を求めて、新製品を開発している。

特殊印刷による自由自在のポールデザイン

ファッション性を追求するシナノにとって、シャフトの表面は機能に影響を与えずにデザイン力を発揮できるスペースとなる。「カイノス」のポールは男性向けも女性向けも、複雑な色合いで精巧な柄や模様がカラープリントされている。これは、一般的な曲面印刷ではなく、円筒形のパイプ全体に印刷できるシナノ独自の技術だ。

ここから「日本の伝統美シリーズ　和彩」も生まれた。古式ゆかしい色合いや和紙の風合いを感じさせる地文などの落ち着いたデザイン。2019年秋に加わった新作「花鳥風月」は消炭《けしずみ》色（ブラック）の地色に金色の月と兎をあしらった「月に兎」、宍《しし》色（ベージュ）に薄紫の蝶と蔓を描いた「蝶に蔓」といった凝ったデザインが5種類ある。

また、その道の職人技とコラボレーションしたり伝統文化や美意識を生かして、本金箔、甲州印伝、真田紐、銘木など芸術性の高い身装品もつくり出している。

「ファッション性を追求するのは『気に入ったもの』を持ち歩く楽しさを味わっていただきたいからです。すてきなデザインに惹かれて杖を使い始めて、ラクに歩けて疲れないという杖の効果に気づいていただくようになればいいとの思いがあります」(柳澤氏)。

近年新たなサービスも開始した。ユーザーが自分でデザインした商品をつくる仕組みだ。まさしく世界に一つだけのマイポールをつくれる。

特殊印刷の様子

シナノのホームページ上に「シナノラボ」を開設。ユーザーはパソコンやスマホで作成した画像を送信して、自分だけのオンリーワンシャフトをオーダーできる。写真や名前を入れてプレゼントや記念品にする利用が増えた。ユーザーがつくることに参加する「モノの提供から、コトの提供への変化」だと柳澤氏は見ている。

3Dプリンタでマイグリップに挑戦

もう一つの挑戦はグリップのオンリーワン化だ。従来から握り心地を追求して、いくつもの形を製品化しており、グリップが小さいサイズの杖も生産しているが、その人の手の大きさに最適なグリップをつくろうというのだ。

グリップは材料を金型に流し入れて製作する。一人ひとりに専用の金型を特注すれば、とても高価なものになってしまう。そこで柳澤氏は、3Dプリンタで成型したグリップをつくることを考えた。これなら低コストで製造期間も短いが強度が不足する。そこでなんとか金型を低コストでつく

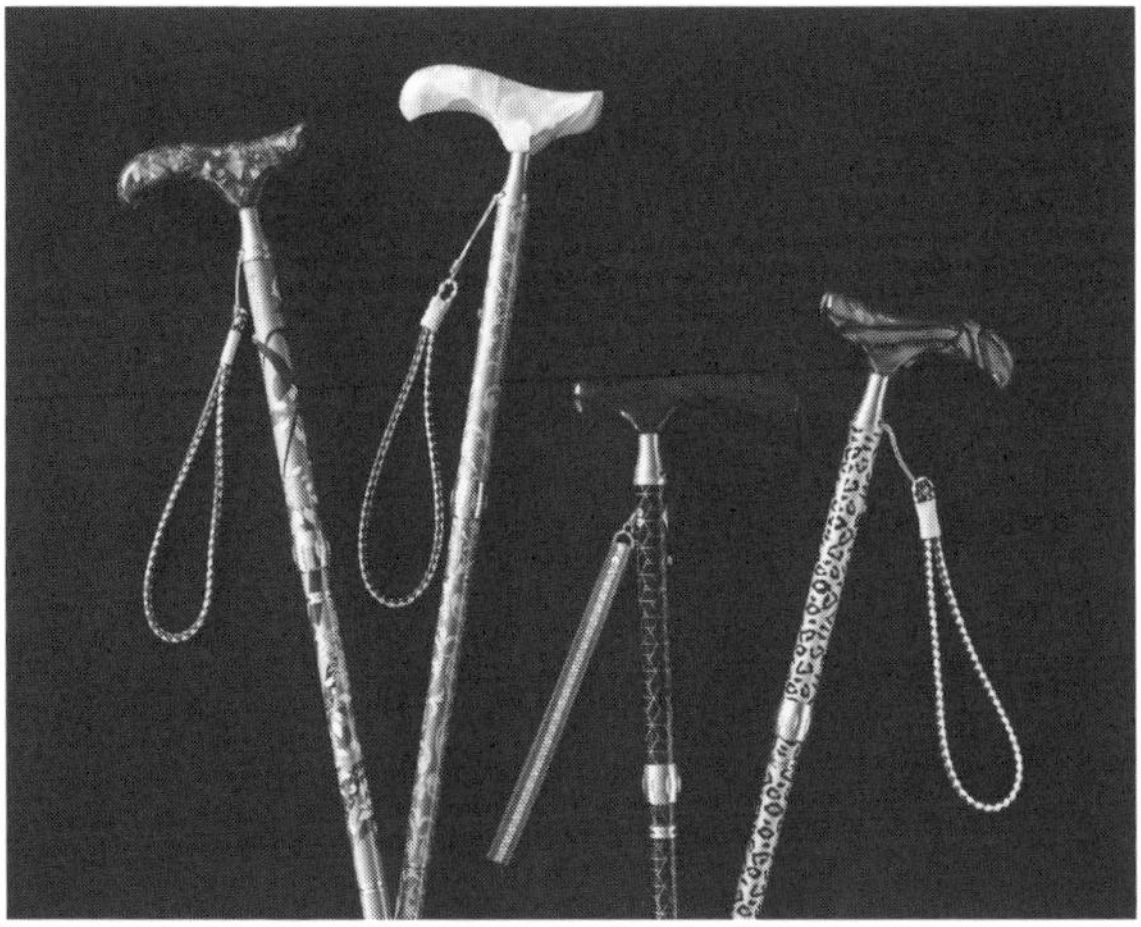

パイプに精巧な印刷が施された杖

れないかと考え、伊那市にある有限会社スワニーに呼びかけ共同開発を開始する。スワニーは独自技術「ハイブリッドモールド」をもっていて、3Dプリンタ樹脂型を用いて射出成形の試作に応じる企業だ。

経済産業省の「地域産業資源活用事業計画」の認定を受けるこの開発事業は、2017年度〜2021年度の5年間の長期戦で臨んでいる。製造方法は確立したがユーザー利用の段階には至っていない。しかし、柳澤氏のイメージはできている。

シナノが運営する直営店や、介護施設などへの巡回販売用に使うショールームカーにスキャナを設備して、オーダーメードを希望する人の手のスキャンを取り、その手の大きさに合わせた最適なグリップを選定。次に、ホームページ上のシナノラボでシャフトに自分でデザイン。グリップから本体まですべてがオリジナルの杖を提供する。

柳澤氏は「BtoCに踏み込んだ」と言う。その意味するところは、単に直営店を開いたことでもインターネット販売を始めたことでもない。ユーザーと直接コミュニケーションが必要な製品を開発し販売への道筋ができたということだ。

「マイグリップを付けた場合の価格は、選んだポールの価格の約1・5倍に抑えられると見積っています。疲れにくく健康づくりに役立つ高付加価値と、デザイン性を備えた杖の販売目標は、2020年度3億円です」と、柳澤氏はウォーキング人口3000万人(※)といわれる市場を見据えている。

（※）２０１８年の週１回以上の「散歩・ウォーキング」の推計人口は３４１２万人（笹川スポーツ財団「スポーツライフに関する調査報告書（１９９６～２０１８）」）

危機を乗り越えてよみがえった経営

シナノが歩行杖製品を主軸に据えるまでには苦難の歴史があった。

シナノは１９１９年に創業し竹素材のスキーポールをつくり始めて以来、ゲレンデに立つデモンストレーターやインストラクターの意見を取り入れ、欧米の品質基準を参考にして最高水準の品質を維持し、新しい素材にも対応して、国産スキーポールメーカーのトップを走り続けてきた。１９７２年の札幌冬季五輪から一気にスキーブームが広がると、経済成長にも後押しされて急成長する。目立つデザインと高品質で「インストラクターご用達」となったスキーポール「イントラ」は、1モデルで1億円を売り上げた。

しかし、バブル経済の破綻とともにスキー人口は激減、１９９７年には倒産の危機に陥った。スキー界におけるシナノの重要性を理解していた素材メーカーの有沢製作所（新潟県上越市）の出資を得て、資本金4億円の合弁会社を設立し、２０００年に柳澤光臣氏が四代目社長に就任。光臣氏は、有沢製作所の一部事業部門を受け持ちながら、スキーポールの生産を継続し、トレッキングポールや歩行杖の生産にも力を入れていった。技術面ではカーボンシャフトの開発に取り組み、また台湾や中国への進出を図る。

そんななかで台湾の企業と信頼関係ができ、委託加工契約が成立。さらに、中国に生産拠点をつくることに成功する。これによって、多品種少量のスキーポールは日本、トレッキング用などは台湾、量産品は中国と、価格競争に対応できる生産体制ができあがった。

光臣氏はスキーポール「シナノ」ブランドを守りつつ、健康・高齢・環境の「3K」をキーワードに、自然環境にやさしいトレッキングポール「サントレース」、高齢者の歩行を補助する歩行杖「カイノス」を充実させ、健康を維持するウォーキングポール「レビータ」を開発。これらは、今では多くの人に必要とされていることからわかるように、先見性に優れた選択だった。

さらに、有沢製作所が出資した株式を全額買い戻し、名実ともに株式会社シナノに復したのだ。まれにみる円満な発展的解消だった。

現社長の柳澤光宏氏は、光臣氏の長男。東京の大手企業に勤めていたが、2003年に長野へUターンしてシナノに入社した。2011年に五代目社長に就任し、新しく制定した「SINANO」のロゴマークとともに、躍進のスタートを切った。

2019年は、初代が「信濃スキー製作所」として上田にて創業して丸100年だった。シナノ100周年記念として、1月に記念誌を発行し取引先へ配布。3月には「sinanoスキー技術選大会」(アサマ2000スキーパーク)を開催。これは、「基礎スキー」の競技会で、きれいに正確に滑降する技術が審査される。シナノのポールは基礎スキーになくてはならないと定評があり、愛好家や信州大学スキー部などおよそ130名が参加し、SNSでも拡散された。5月にはシナノ工場祭を開催し、本社工場を開放。アルミパイプを使ったものづくり体験やB級品の販売、創業100年の歩みの展示などを行い、周辺住民と昔からのシナノ愛用者、SNSでつながった人など合わせて800名を超える人が訪れた。8月には100周年にちなみ杖100本を佐久市へ寄贈した。医療機関への貸し出しなどに活用されている。

多様なマーケットを視野に入れて

「直接小売りをするのは歩行杖だけです。スキーポールなどのスポーツ用品は長年売ってくれてきたお客様を大事にしたい」と、柳澤氏の経営姿勢は明確だ。

意外なところから営業の新分野を開拓したものもある。技術PRのために印刷関係の展示会に参加したところ細いポールへの印刷が注目され、住宅の水道管の不凍栓のカバーに図案を入れる仕事の依頼が来たのだ。新たな販路として、一新したアルマイト加工設備や長いシャフト用のメッキ槽が生かせるような需要を探っている。

海外展開は、韓国、中国、台湾、ドイツへの輸出が総売上の4％弱。「長いスパンで考えれば今後東南アジア

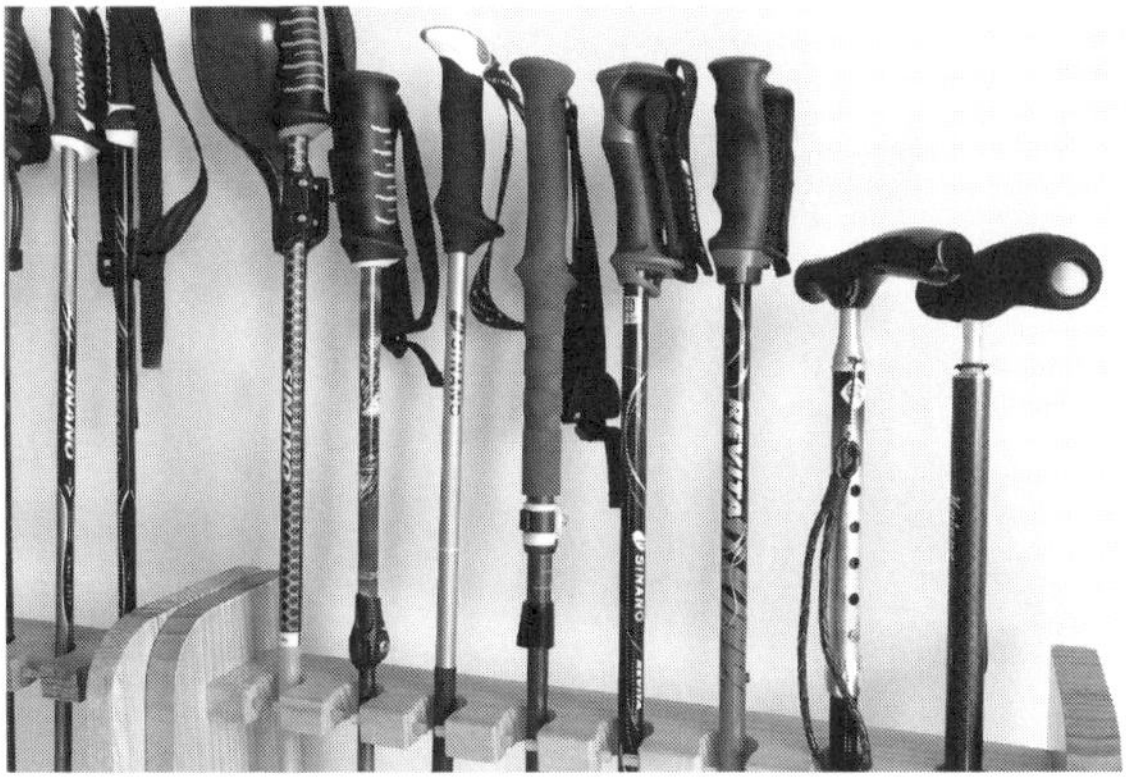

シナノブランドの各種ポール

の国々は高齢化が進みます。そのマーケットに今から取り組み、輸出を10％程度まで伸ばしたいと考えているが、そのためにも歩行杖の日本のトップブランドの地位を確立し、ブランドの認知が重要」と柳澤氏は慎重だ。

社員数40名。毎年1～2人採用する。「長野県で働きたい」という志望動機で入社する県外出身者も珍しくない。

「シナノは企画立案、デザイン、製造工程すべてを内製し、卸販売も直販も輸出入もある。イベントも社員たちで企画運営するから、活躍の場を得るチャンスがたくさんある会社です。毎年の新人教育は、毎日インスタグラムやフェイスブックに情報を投稿することを日課にしています。新入社員はとかく指示待ちや受け身になりがちです。しかしSNSに投稿するには自分から積極的に会社のことを知ろうとしなくてはなりません。『社内を回って情報を探せ、指示待ちになるな』という意図を込めています。もちろんSNSを通じて多くの方にシナノを知ってもらうことはとても大切なことです。と同時に人材育成としても大切な一面があります」。人材育成にも工夫を加える柳澤氏のもと、こうして育ったアクティブな人材がシナノを支える。

株式会社シナノ

▶住所
本社　長野県佐久市岩村田1104-1
TEL 0267-67-3321 ／ FAX 0267-67-3326

▶URL
https://sinano.co.jp/

社長は社員の幸せのために
社員はお客様のために
まごころのものづくり

アパレル アイ株式会社

APPAREL-AI Co., Ltd.

事業内容

レディースカジュアルパンツの企画、製造、販売

企業価値

1）独自デザインした、膝上から足首にかけてギャザーを入れた「ウエストフリーのギャザーパンツ」は、製造以来10年ほどで110万本以上を販売する。

2）はきごこちのよさを追究し、国産生地を使用、生産は繊維産業の盛んな地元備後を中心に国産が70%。品質の高い日本製のレディースパンツは、ブランド力にもなる。

3）地域の支えや連携があってこそ良質な製品ができることを自覚して、地域社会への積極的な貢献活動を行う。

4）社員満足度の向上が企業の務めと、親孝行補助金制度をはじめ、社員のモチベーションを高めるさまざまな制度を実施する。

進化を続ける美脚パンツ

「いらっしゃいませ」。社員全員が立ち上がって笑顔で訪問者を迎える。広島県福山市郊外の美しい田園風景のなかに立つアパレル アイ株式会社には、明るく落ち着いた雰囲気が満ちている。清掃の行き届いた玄関に揃えられたスリッパは、あとで聞けば、除菌済みで、置く位置も決めているという。

アパレル アイの代表取締役・福永一夫氏は言う。

「スリッパを履く人の気持ちになって除菌装置を導入し、揃える位置はお客様が足を入れるときに最適な位置を割り出して決めています。その気づきの一歩こそ、アパレル アイが大事にしていることです。商品をつくるときには、はく人の立場に立って考える。お客様への心遣いも商品のはき心地を研究する気持ちも同じです」。

アパレル アイは、レディースカジュアルパンツを専門に手がけるメーカーだ。ウエストフリー

アパレル アイ株式会社代表取締役・福永一夫氏

パンツをファッション化させた草分け的存在で、アパレル アイのパンツは「はきやすく、脚がきれいに見える」と全国に愛用者がいる。なかでも自社開発した、膝上から足首にかけてギャザーを入れた「ウエストフリーのギャザーパンツ」は、製造以来10年ほどで110万本以上を販売し、現在も売れ続けているロングセラー商品だ。

販売媒体は、テレビショッピング、カタログ通販、百貨店、専門店、問屋と、取引は広範囲にわたる。また、大口のOEMにも対応している。春夏や秋冬の展示会は、東京・原宿で開催している。2018年・2019年は、繊研新聞社が東京・渋谷ヒカリエを会場にして主催する合同展示会「PLUG IN」にも出展した。

オリジナルデザインの自社ブランドは現在3種。「RaQuna style」は、視覚効果を狙った3Dパンツを中心にはきやすさを特に重視している。ミセスに圧倒的な人気がある。「a.i.a.i」はカジュアルでトレンディ。嬉しい価格帯でもある。新しいブランド「café tabi」は、「日常を特別に変える」をコンセプトに旅行や街着として、心をときめかせるファッション性を追求している。「はきやすさと美脚」は共通コンセプトのまま、それぞれターゲットがはっきりしている。

アパレル アイ展示会の様子

社内パタンナー3名を主軸に、外部のデザイン会社も2社使っている。取引先から「アパレル アイの展示会を真っ先に見てから、他社を回る」とか「同業他社はどこもアパレル アイの商品を買って参考にしていますよ」と言われるというが、「いくらまねされても、こちらがオリジナルですから。商品開発は、はく人のことを考えて、どうしたら喜んでもらえるかにどれだけ心を砕くかが勝負です」と福永氏は自信をのぞかせる。

メーカーではあるが、アパレル アイには長年愛用しているという顧客から手紙が届くし、商品番号を書いて、同じものがほしいが在庫はないかという問い合わせも少なくない。ときにはクレームの電話もある。消費者の声は励みであり反省材料でもある。すべて保存し、商品開発とサービス向上の参考にしているという。

現在、衣料品の98%が海外生産されるなか、アパレル アイの製品の7割は国内で製造している。自社で企画して、国内メーカーから生地を仕入れ、地元で縫製した「純国産」だ。

「良質な生地と丁寧な縫製の日本製はやはり信用されます。検針も2回行い、安全管理をしています」(福永氏)。近年は香港や台湾から、日本の問屋を通じて引き合いがある。

転換点となった2011年

福山市はかつての吉備国《きびのくに》、備後《びんご》(岡山県西部および広島県東部)の中心都市だ。昔から繊維産業が盛んで、現在も染色や生地、縫製工場などが集積している。福永氏は高校を卒業して福山市内の繊維問屋に就職した。15年間勤務に励んだが、どうしても経営者の考えに納得できず、33歳で辞職。同時期に起業する仲間に加わったものの、新会社は呉服中心で、アパレル出身の福永氏の本意ではなく、8カ月で身を引き、独立した。1983年の初めのことだった。

「福山市千田町でオンボロの倉庫付き事務所を借りて、家内と二人で始めた当初は、売る苦労より、商品を確保するほうが大変で、大口注文を取ったあとはメーカーに商品を回してくれるよう頭を下げてばかりでした。4年目に土地を買い、5年目の終わりに新築の事務所に移転しました。そこで10年頑張りました」(福永氏)。

現在の社屋を福永氏が生まれ育った地、神辺《かんなべ》町に新築したのは1997年。社員はおよそ10人になっていた。今では許されないが、みな夜遅くまで働いた。2000年頃からは、デザイン会社と契約し、自社商品をつくるようになった。しかし、当時は海外生産に頼っていた。

「ずっと順調だったわけではありません。2008年のリーマンショック、その翌年のGMの経営破綻の影響で景気が後退した年から、私は自分の報酬を半分にしました。若い人の収入は少しでも上げてやりたいですから」。その経営姿勢こそ、福永氏の面目躍如だ。

そして、2010年、アパレル アイ最大のヒット商品となる、ひざにゆとりを持たせたウエストサイズフリーのギャザーパンツが生まれ、地元に協力工場を得て、製造も本格化した。

「井桁絣《いげたがすり》の木綿のモンペは備後の名産品。モンペにヒントを得てファッション性のあるギャザーパンツを社員が考案しました。これぞ産地特有の発想です」(福永氏)。

ところが、翌2011年の秋。大手得意先別注品で大事件を引き起こした。テレビショッピング用に出した商品に、生地と縫製の不良品が出たのだ。

「忘れもしません。日曜日の朝8時に全社員に集まってもらいました。状況を説明し、助けてほしいと頭を下げ、ご家族宛てに私からの手紙を渡しました」と福永氏。

何万本という返品の山が築かれるなか、社員と協力工場の大車輪の働きが始まった。その真っただ中、福永氏はメインバンクの支店長のところへ赴き、包み隠さず事情を話した。

「へたをすると損害賠償額は1億円になるか2億円になるかわかりませんと言われていることも話しました。そのとき支店長が、『アパレル アイさんと当行との関係はそんなやわなものではありません。何があっても支えさせていただきます』と言ってくださいました。涙があふれた。その後、支店長さんが出世なさってからもお付き合いさせていただいています」(福永氏)。

社員もその家族も、協力工場も、銀行も、取引先各社も、事態を理解し協力するというのは、クレーム処理の稀有な事例ではないだろうか。

福永氏はこれを機に、地元で製造する方向によりシフトした。心配りの行き届いたデザイン、丁寧な縫製、そして誠実な対応。事業がほんとうに上向いたのは、ここからだった。

理念に基づく経営を実現する経営計画書

同じ年、福永氏個人に、もう一つ大きな出来事があった。がんが見つかったのだ。幸い早期発見だったので十分な治療ができたものの、立ち止まって深く考えずにはいられなかった。なんのために生きているのか、なんのために事業をしているのか、と自問した。

振り返れば、独立・創業は社員を幸せにする会社をつくるためだった。創業時からアパレル アイが掲げている経営理念「清く　正しく　美しく」は、具体的に言うなら、「私達は法を守ります」「私達は嘘、偽りのない仕事をします」「私達は社徳を大切にします」ということだ。

この経営理念を絵に描いた餅にしてはいけない。こう考えた福永氏は、毎期、策定する経営計画書を全社員に配布し、一流ホテルで経営計画発表会を開催することを決める。

経営計画書は経営理念・目標とそのための行動指針を具体的に記している。発表会では、社員が一人ずつ登壇し発表する。静寂に包まれた緊張のなか、決意表明することで、強い自覚も生まれ、仲間にも伝わる。今期の振り返りと来期に向けての目標を確認し、社員が心を一つにする発表会には来賓も招き、地域に開かれた企業姿勢を示している。

第34期である令和元年の経営計画書には、経営理念、社員心得、経営方針、売上推移、組織図などに続いて、部門別重点目標や全員の個人別決意表明、社長の思いやわが社の誇りなどが記載されている。さらに、営業の新規開拓や要注意の基準、クレームに対する方針といった社外秘の判断基準も示されている。これを守って仕事をしていけば、社員として安心してやっていける、まさにバイブルだ。全体にわかりやすく書かれており、新人教育にも、ＯＪＴにも使っている。

巻末の年間カレンダーには社員全員の誕生日が記され、書き込み用のウィッシュリストやマンダラチャートも付いている。夢や目標を書き込み、その達成状態を確認することを自発的に行うことで、やる気や働きやすさが引き出される。

「経営計画書（方針書）が無ければ、羅針盤も無く、目的地も分からず、各々の役割も分からず、大海原で彷徨う船に乗っているようなものだ」。

これは、1ページ目に記された「なぜ、経営計画書をつくり、発表会をするのか？」の答えである。経営者と社員一人ひとりとが、同じビジョンを共有する企業経営の実践の形だ。

自慢の親孝行補助金制度

同じく2011年から、社員の幸せにつながる取り組みにも着手した。そもそも社員の幸せとは何か、何をすれば社員を幸せにすることができるのか。福永氏は、健康、待遇、家族、人間関係などの項目を抽出し、項目ごとに幸せを実現する具体策を策定、実行している。

2019年8月、福山ニューキャッスルホテルで開かれた経営計画発表会

健康面のサポートとして、年に1回の定期健康診断とは別に、社歴順に人間ドックの検診も受けるようにした。がん保険には、会社として団体加入した。万一発病しても、安心して治療に専念できる環境を整えておきたいという思いからだ。

業績は社員全員で成し遂げ、利益は全員で生み出したものだから、全員に行き渡るように分配する。それでこその社員満足度も得られる。待遇と業績の関係を明らかにしておきたい。社内決算説明会を毎期開催して、売上、利益、その使い道などを情報開示し、実情をきっちり知ってもらうことにしたのだ。

営業成績も大事だが、仕事でのやりがいや成果は、顧客に喜んでもらうことに尽きる。福永氏は、来期の方針を話す際は、必ずこの点を強調する。経営方針を指針として、自分なりの目標をもって仕事に取り組んでほしいと願う。

アパレル アイは、総勢29名。うち役員3名、正社員15名、パートタイム10名、非常勤監査役1名だ。パート社員はすべて正社員と同様に遇している。賞与はパートにはないが、代わりに一定の褒賞金を出す。そのほかの、健康診断もがん保険も社員旅行もさまざまな制度も委員会への参加も、社員、パートの別なく対象になる。

半面、自由も尊重する。全社休業の1日と土日を使って実施する2泊3日の社員旅行は希望参加だ。旅行に参加せずに休業日を私的に使ってもかまわない。

福永氏が自慢に思うのが親孝行補助金制度だという。これは、社員が自分の親を喜ばせることを応援するもの。若い世代は、親のほうが子よりよほど経済力があるかもしれない。子育て世代は精神的にも経済的にも親孝行をする余裕はないだろう。親は親で、自分たちのことは心配しなくていいからと遠慮することも多い。しかし、親孝行を先延ばしして後悔することのないようにと、わが身を振り返って福永氏は願う。

申請すれば、実施後に1行以上のレポートと写真の提出を条件に、年に1回、会社から2万円が支給される。旅行でも食事でもプレゼントでも、会社が補助するとなれば、親孝行も受け入れやすい。これまですべての社員がこの制度を利用してさまざまな親孝行を行って、報告レポートを提出している。福永氏にとってかけがえのない宝物だ。

社員全員に活躍の場を設ける委員会活動はコミュニケーションを促進する。たとえば「ホッと委員会」が立てた企画は、誕生日の人に、他の社員が一枚ずつ「い～とこ見～つけたカード」を贈るというもの。誕生日の人

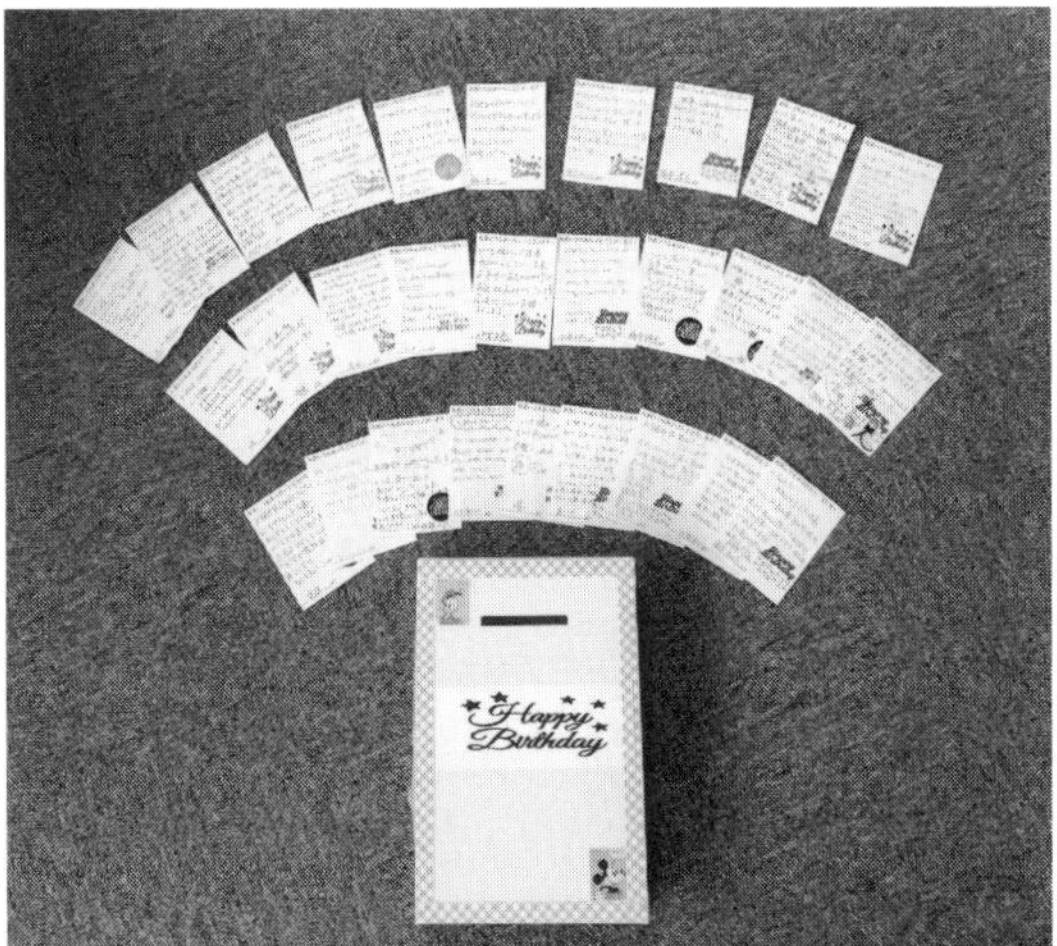

誕生日にもらうカードは、仲間一人ひとりからの言葉が書き込まれている笑顔のプレゼント

は、仲間からたくさんほめられるという、笑顔の生まれるプレゼントだ。福永氏からは、自身が足を運んで精肉店で調達した牛肉、夏は焼肉用、冬はすき焼き用がメッセージカードとともにプレゼントされる。福永氏は言う。

「社員を幸せにしようとする経営者の思いは、社員がお客様一人ひとりを大切にしようと思う社徳となって表れます。お客様一人ひとりが買ってくださるパンツ一本一本が、問屋からの1万本の注文の中身だということを心に留めて、常に、着用する人のことを思いやってつくる。儲けようという意識が先に立ってはよい商品はできません。相手のことを思い、考えて考えて考え尽くす『まごころ』があってはじめて、血の通ったぬくもりのある商品が生まれるのです」。

社内を社外を地域を、アパレル アイの社員はまごころ込めて清掃する

地域とともに

アパレル アイが変わったのは2011年の秋からだが、この年は3月11日に東日本大震災が起こったことでも忘れられない年だ。アパレル アイではその16年前の阪神・淡路大震災以降、毎年、日本赤十字社への寄付を継続して行っている。2018年の西日本豪雨災害の際は、別途に寄付を

している。国境なき医師団と国連UNHCR協会への寄付も毎年行っている。

地元への貢献も大切にしている。アパレル アイの社員たちは、通学路でもある本社周辺の清掃はもとより、毎月1回、総出で行う地域の清掃活動を続けている。アパレル アイが福山市内に著名人を招いて講演会を主催することもある。入場料は無料。100人、200人の聴衆から寄付が集まって、福山市福祉協議会に寄付したこともある。

福永氏の「備後愛」が最も顕著に表れているのが、母校の福山市立神辺小学校への寄付だ。

「私が今、こうしてここにあることに感謝する気持ちを小学校に託しました。独立して、どこもお金を貸してくれないときに、黙って50万円貸してくれたのは、小学校の同級生でした。おかげさまで、私の子どもたちも成人して、この地で活躍できるまでになりました。子どもの頃の私には学校の図書室が大切な場所でした。同じように神辺の子どもたちの大きな飛躍を願って、できることはないかとこれからも考えていきます」(福永氏)。

大きな目標として福永氏は、2019年に購入した本社前の土地に、社員の福利厚生や地域にも役立つ施設の建設を夢見ている。

アパレル アイ株式会社

▶住所
本社　広島県福山市神辺町川南1302-2
TEL 084-960-0303 ／ FAX 084-960-0305
物流センター　広島県福山市千田町薮路333
▶URL
https://www.apparel-ai.com/

リハビリ、ドッグセラピー、音楽療法、学習療法……。楽しいからやる気が出る老健「おとなの学校　岡山校」

社会医療法人清風会

Social Medical Corporation SEIFŪKAI

事業内容

医療介護事業の運営

企業価値

1）在宅療養支援病院や在宅復帰超強化型の介護老人保健施設を軸に、24時間365日の訪問診療を行う圏域で唯一の複数拠点展開の機能強化型在宅療養支援診療所や介護サービス事業により、70年以上にわたって地域の高齢者と家族を支えている。

2）初期研修を修了した医師に対する「家庭医養成プログラム」を日本で初めて提供。また、家庭医療専門看護師や家庭医療専門薬剤師の養成も行う。

3）在宅復帰と在宅支援に特化した「自律を支援する」医療・介護を追求した学校形式のユニークな運営を行う在宅復帰超強化型老健「おとなの学校 岡山校」。そこでは本格的なドッグセラピーや音楽療法をはじめ、認知症の非薬物療法として多種類のプログラムを実施し、元気になる地域包括ケアの拠点として展開している。

大勢で楽しく食べると誤嚥も少ない

「次はあなごにしようか」「もう一つまぐろ取って」。

2レーンの回転寿司が回り、利用者たちがわれもわれもと身を乗り出してお寿司をいただいている。2019年10月10日、この日は「おとなの学校　岡山校」開校10周年記念日だった。特別企画の一つとして寿司店の出張を頼んだ。イカやタコは硬いのでネタから外し、軍艦巻きは海苔がのどにひっつく危険性を考えて薄焼き卵にするなど工夫されている。

名物の大きな太鼓を携えて倉敷市内から来てくれた倉敷天領太鼓の演奏が花を添え、スタッフも仮装や祭りの法被姿で盛り上げた。

岡山県津山市日本原にあるおとなの学校岡山校は、社会医療法人清風会が運営する介護老人保健施設、いわゆる老健だ。35床の入所設備と30名の通所者を定員に、高齢者を受け入れている。この老健は、1990年に「ひまわり園」の名称で開設されたのだが、自立支援型を目指して2009年に改称し、そこから10周年

介護老人保健施設「おとなの学校　岡山校」開校10周年記念行事

を迎えた。

記念日の翌日、社会医療法人清風会の理事長・森崇文《たかふみ》氏は、利用者から「楽しかった」「ありがとう」と喜ばれ、「疲れたでしょう」「だいじょうぶですか」とねぎらいの言葉を受けながら、一人の体調不良者も出さずに一日を終えたことに胸をなでおろすと同時に、「楽しいイベントの効果」「回転寿司の効果」について考えていた。

万一むせたり、のどを詰まらせたりした場合に備えて看護師は終始吸引器具を手元に待機していたが、嚥下困難を起こす人はまったく出なかった。それどころか、ふだんは介助されながらゆっくり食事をしていた人が、積極的にネタを選んで、旺盛な食欲を見せていた。

「ここ数年はとくに嚥下リハビリに力を入れて、嚥下食は5段階に分けて提供したり、おいしく食べやすいメニューを工夫したり、シャインマスカットと白桃を使ったデザートは、嚥下食メニューコンテスト（生活デザイン研究所主催）でグランプリを取るなど頑張ってきた。その成果もさることながら、いやいや、大勢で楽しく回転寿司を食べるほうが、はるかに効果が上がっているかもしれない」と冗談まじりに頭を抱えつつも、ベストな方法を模索する崇文氏だ。

時間割に沿って国語も図工もリハビリも

自宅での生活が困難な高齢者に対して在宅復帰や在宅での療養ができるように支援するための施設である老健は、規模は大小さまざまだが、利用者数に応じた医療スタッフ・介護スタッフの配置人数を守らなければならない。また、同一利用者は連続して90日までの利用と目安を定め、自宅生活の継続を支援している。

病状が急性期から回復期に入った人、慢性期で在宅復帰まで今しばらくのリハビリテーションが必要な人が入所して、体力をつけたり、在宅に復帰するためのリハビリを行うために滞在する。これが最もベーシックな利用の仕方で、第二は在宅の高齢者が通所でリハビリを受けるデイケア。第三は家庭の事情や症状によって利用するショートステイだ。

この老健の基本に沿っておとなの学校岡山校も運営されているが、その名の通り「学校」のようなプログラムで毎日の活動が展開されているところに特色がある。リハビリ、国語、社会、算数、図工、音楽などの時間割を組み、身体、知性、感性を使って活動する。

くもん学習療法を取り入れた国語や算数では、認知症予防・改善を図る。手芸や工作などのものづくりを楽しみながら、指先を使う図工、身体機能にも精神面にも効果が高い音楽。音楽の時間は、大太鼓、小太鼓、スネアドラム、パーランク（エイサー用の片張り太鼓）鳴子、

社会医療法人清風会の理事長・森崇文氏

介護老人保健施設「おとなの学校　岡山校」の校長・森夕子氏

鈴など各種の打楽器、キーボード、スウィングバーギター（スウェーデンで考案された操作がシンプルな楽器）など多彩な楽器を使い、演奏したり、みんなで大きな声で歌ったり、音楽に合わせて体全体を動かす。また、理事長夫妻の愛犬と触れ合うことから始まったドッグセラピー（動物介在療法）も、今では清風会で飼っている犬たちと専門のトレーニングを受けたスタッフと一緒に行っている。

このほか、月1回ペースで各自のリハビリ目標の達成を披露する成果発表会の開催や、退所する人を全員で送る卒業式、季節行事に加え平均で月に4～5回の地域ボランティアによる出し物を行うなどイベントも多い。

このアイデアが詰まった学校を校長として牽引する森夕子氏は、医師であり、2019年度から東北大学脳科学センターの川島隆太教授のもとで、認知症について研究する研究者でもある。

「学校は楽しいことが前提です。私たちスタッフも楽しいと感じることをしているから、利用者さんも自然に積極的になります。犬を振り向かせたい、その一心が動かない足を動かす。鈴を鳴らして合奏しなくちゃ、と強く思うからマヒの手も振れていく。仲間と助け合って体を動かし、歌い、話し、笑う。日中、大きな声を出して大笑いしていたら、お腹も空くし、夜もよく眠ることができる。生活リズムが整います」と夕子氏。リハビリセラピスト、ドッグセラピー関連資格をもつ介護士、音大卒の音楽療法士などの資格や専門技術をもつ職員をはじめ全スタッフが一丸となって、日々奮闘している。

「岡山校」と名乗るわけ

崇文氏と夕子氏は、岡山県倉敷市にある川崎医科大学の同級生として出会い、25歳で結婚。2年間の初期研修ののち、夕子氏は1年間の英国留学をし、崇文氏は内視鏡検査の技術を高めるために北海道に赴任するなど、所属大学病院以外でも研鑽を重ねた。1999年に揃って崇文氏の父・森浩郎氏が理事長を務める清風会に入職した。三人の子どもたちの出産・育児もあり、夕子氏が老健ひまわり園に携わるようになったのは、二女が生まれて1年ほどたった頃からだった。

当時の老健の実態は全国どこでも、家族との同居や独居が難しい状態の高齢者を期限いっぱいまで預かってほしいという社会的実情に対応せざるを得ず、「在宅復帰・在宅療養支援のための地域拠点」とはほど遠かった。それどころか、期限が来ても行く場所がないといった悩みを抱える利用者や、介護保険制度が始まって以後は、介護保険の利用限度額が減るので回復したら困るという利用者もいた。夕子氏は「入所者は毎日ほとんどぼんやりして過ごしているだけ。元気にしてあげることができない人たちの施設なんて意味がないのでは」と悩む。

崇文氏は「彼女は竹を割ったような性格ですから、取り組むべき有効な方法を得られない自分に腹を立てていたと思います。その頃の私は、制度を忠実に追いかけ、真面目に業務を遂行することが第一で、あるべき姿より現状の改善にとどまり、現場の変革に消極的でした」と当時を振り返る。

そんなときに、熊本県で「おとなの学校」という名称で自立支援型の運営をしている施設があることを知り、訪問した。身体機能面のリハビリと、くもん式を取り入れたリハビリに取り組んでいる様子に、「日本原でもおとなの学校をやろう」と、二人はその場で決断する。

本家の熊本校は現在はなく、東京を中心に展開している介護サービス事業に名称だけが残っている。「おとなの学校」の理念は岡山校が継承し、発展に導いているといってよいだろう。

２００９年、ひまわり園を改め、「おとなの学校　岡山校」が誕生。利用者もスタッフも「やらなければいけないことが多くなった」のだが、楽しい授業、機能向上、在宅復帰を目指すリハビリが少しずつ浸透していった。夕子氏はどんなに忙しくてもスタッフからの報告、相談や提案、新アイデアに耳を傾けて、改革に取り組んだ。

心技体を引き上げるカリキュラムと、利用者同士が刺激し合う学校型のプログラムの効果は高く、目標としている「入所90日で退所して在宅生活ができる」ようになる人は多い。

崇文氏にとっても、おとなの学校岡山校は、一つの転換点になった。

「当時、中学生の長男から『お父さんたちは社会のためになるいい仕事をすると言いながら愚痴を言い合う毎日を過ごしている』と言われました。目指すところがありながら現状に妥協している私の姿をずばりと指摘されたのです。良心に恥じることのない仕事をしていこう、と心が決まりまし

短時間通所リハビリ「コロバン道場」で毎日行う準備体操

た」（崇文氏）。

津山市日本原における清風会の役割

清風会のルーツは、崇文氏の祖父・森忠夫氏が、鳥取県境に近く、病院がない県北東部の日本原のためにと、1948年に開業した森醫院《いいん》にある。1956年に医療法人清風会を設立し、翌1957年に日本原病院を開設した。1976年に崇文氏の父・森浩郎氏が理事長に就任。地域に尽力しようと、1990年代には老健や訪問看護ステーションをつくるなど高齢者介護のニーズに対応した。

崇文氏が日本原病院にかかわるようになった1997年は介護保険法が制定された年で、高齢者の医療介護は大きな社会問題となっていた。2000年4月に介護保険法が施行されると、清風会の収益構造にも変化がみられるようになった。2003年には特定医療法人の承認を受けた。持ち分を放棄し継続性の高い法人への転換は、公益性の高い清風会にとって自然の成り行きといえよう。

2011年に浩郎氏は会長職に退き、崇文氏が理事長に就任した。森家にとってこの年はまた、名誉会長として健在だった忠夫

介護老人保健施設「おとなの学校　岡山校」音楽の授業

氏が岡山県勝田郡奈義町の名誉町民第一号として表彰される慶事もあった。
浩郎氏は会長になってからも、今のままでは継続が困難になるかもしれないと危惧し、より公的役割を求められる社会医療法人の認定を受けることを、崇文氏に強く勧める。

確かに、おとなの学校岡山校の利用者は入所当初より状態が改善し、要介護度が下がる。これにより収支バランスが崩れる兆しが見えていた。優秀な人材を集め、サービス内容を充実させるために支出は増えるにもかかわらず、その成果によって介護報酬は減少するという矛盾だ。

他方、隣接する奈義町、美作市との連携で地域医療に取り組み、採算性は高くなくとも公的役割は強まっていった。また、独自に家庭医の後期研修医を受け入れる活動が実を結び、労働生産性は伸び悩みながらも全国から優秀な医師が集うようになった。崇文氏は、公認会計士であり地域医療にも精通する長隆《おさたかし》氏に助言を求めるなどして法人経営を研究し、清風会が日本原で安定して運営できる道として、社会医療法人を選択する。

社会医療法人は、自治体病院等に代わって、救急医療、災害時における医療、へき地の医療、周産期医療、小児医療といった地域医療を受けもつ公益性の高い医療法人を指す、２００７年に始まった制度だ。

小規模多機能型居宅介護事業所「あかるい農村　つやま」外観

清風会は「へき地の医療を担う主体」として2012年に社会医療法人に認定され、西粟倉診療所（英田郡《あいだぐん》西粟倉村《にしあわくらそん》）に医師を派遣し、指定管理者として美作市立粟井、英田、梶並診療所を運営している。これらは、父・浩郎氏や永年にわたり清風会を支えて来た副院長・左野氏、クリニック統括・松下氏の尽力の賜物でもある。こうして多くのスタッフの協力を得て、社会医療法人の務めを果たしながら、清風会は地域医療と高齢者医療・介護事業を推進している。

特養も放っておけない

清風会は、「住み慣れたまち。ここで、一緒に、自分らしく。」という理念のもと、地域の健康をトータルにサポートしようと、利用者の状態、家族の事情、認定された介護度に応じて適切なプランを選択できるように、医療保険対象、介護保険対象のサービスをラインナップしている。事業施設を列記すると次のようになる。

・在宅療養支援病院「日本原病院」は、地域のすべての人の健康をサポートする施設として、外来の診療科は、内科・神経内科・循環器内科・心療内科。耳鼻咽喉科・リハビリテーション科・眼科を開設し、地域包括ケア病棟（60床）では、在宅復帰を目指すための継続的な治療やリハビリを行う。

・介護老人保健施設「おとなの学校　岡山校」は、学校形式のプログラムを用いて在宅復帰や在宅療養を支援する超強化型老健。

・小規模多機能型居宅介護事業所「あかるい農村　つやま」（日本原）は、通所・宿泊・訪問に対応（29人定員／5床）し、畑作業やくもん学習療法などのプログラムを提供する。また、地域の人との交流イベントも定期的に開催する。

・短時間通所リハビリ「コロバン道場」（日本原）は、「よく食べる」「よく笑う」「人生を楽しむ」可能性を広げるという目標をもって、専門家が一人ひとりに合ったリハビリを実施する。

・訪問看護ステーション「あゆみ」（日本原）は、看護師や理学療法士が訪問して、在宅療養を支援する。

・継続ケア支援室「ほっとスマイル」（日本原病院内）は、医療介護、福祉の総合相談窓口だ。

・ケアプランセンター「ほっとスマイル」（日本原）ではケアプランを作成する。

・「ファミリークリニック」（奈義／湯郷／津山）には内科・小児科があり、家庭の「かかりつけ医」としてあらゆる疾患や健康相談に対応する。また、機能強化型在宅療養支援診療所として、24時間365日対応の訪問診療も行っている。

「地域を包括的に支援する拠点として、老健をはじめとした在宅支援機能をもつ施設群はとても重要です。高齢になって図らずも病院を利用する事態が発生し、そのことが契機で在宅への生活が困難になることがまだまだ一般的です。また、介護が必要な状態になって施設に入られることが社会との接点を失うきっかけになってしまうことは大きな課題です。せっかく緑豊かな地域でも、施設生活では自然を感じられることが少なくなります。やはり、高齢者の居場所は地域の一部にあって、さまざまな人間的ふれあいがあるほうが自然です。津山や岡山、もっと遠くの都会の人が岡山県北の豊かな自然を楽しむために訪れるような付加価値を付けてアピールすることができれば」と、崇文氏は夢を描く。

清風会の今後について考える一方で、崇文氏は2016年から、湯郷にある特別養護老人ホーム（特養）「蛍流荘」の運営も行っている。湯郷温泉で名高い湯郷は、祖父・忠夫氏が開き、父・浩郎氏が永年支えた診療所の一つがある地で、崇文氏は子ども時代を過ごした。蛍流荘の開設直後の経営難を契機に、崇文氏は請われて役員会に参加。現在は崇文氏が社会福祉法人光風福祉会の理事長に就任して再建を図っている。特養は医療法人では運営できないので、清風会に吸収することはできないのだ。

「特養には障がいや疾病による介護度の重い方がおられ、家族の事情もあいまって在宅生活が望めない方が入所しています。だからこそ、『生きていてよかった』と思える人生を送っていただきたい。その人が自ら希望する介護サービスを提供する。利用者の尊厳と自律を尊重し、支援する。スタッフは協力して、チームで利用者と地域の医療・介護に貢献する。こんなことを目指して取り組みを始めました」。森氏の地域愛が、また一つ花を咲かせようとしている。

社会医療法人清風会

▶住所
グループ本部・日本原病院　岡山県津山市日本原352
TEL 0868-36-3311 ／ FAX 0868-36-6195
▶URL
http://www.smc-seifukai.or.jp/

コーヒー豆の渋皮を取り去ってつくり出した「きれいなコーヒー」ドリップバッグやコーヒーエキスで成長

オアシス珈琲有限会社

OASISCOFFEE Co.,Ltd.

事業内容

レギュラーコーヒー・コーヒードリップバッグ等の加工・販売

企業価値

1）品質の低下を抑制しつつ短時間でコーヒー生豆から汚れを除去する、コーヒーに特化した生豆洗浄技術で特許を取得。

2）攪拌しながら水洗し渋皮をきれいに除去した生豆で「きれいなコーヒー®」ブランドを樹立。

3）円すい形ドリッパーとピッチャーをセットにしたオリジナルの陶製カッピングピッチャーで、ドリップ技術がなくてもおいしいコーヒーを淹れられるようにした。

4）1999年からインターネット通販を活用して、全国に顧客を獲得。

埃にまみれたコーヒーの原料、生豆をきれいにしたい

「きれいなコーヒー」のドリップバッグが、このところ通販でぐんぐん売上を伸ばしている。コーヒー豆・粉のブランド「きれいなコーヒー」を販売しているのは、福岡県飯塚市のオアシス珈琲有限会社。BtoBも含めて、コーヒー豆を加工・販売している。

何が「きれい」なのか。

輸入したコーヒーの生豆を、ジェット水流で気泡を爆発させながら、一粒一粒渋皮（シルバースキン）や汚れを取り除き、そのうえで焙煎する。だから、きれいなコーヒーなのだ。

代表取締役社長の石川高信氏がコーヒー豆を洗浄する独自の洗浄技術の特許を取得したのは2000年。期限が切れる前の2019年に、改めてコーヒー豆処理方法の「きれいなコーヒー製法」の特許を取得した。

特許取得に至る動機は、「エチオピアのモカをきれいな豆にしたい」という石川氏の強い思いだった。

「きれいなコーヒー」のマーク入りドリップバッグ

「多種の外国のコーヒー豆を仕入れていますが、そのなかでもエチオピアの豆はすばらしい。豆そのものがすばらしいのだから、磨きをかければ芳香な甘い香りと透き通った上品な酸味は、コーヒーの貴婦人にふさわしいコーヒーに生まれ変わると確信がありました」と語る。

エチオピア産に限らず、輸入のコーヒー生豆は麻袋に入れられた状態で届く。焙煎機の中に投入する時に埃《ほこり》が部屋中に舞い上がり、石川氏はいつも閉口していた。問題は舞い上がる埃ばかりではない。焙煎中に釜の中で剥離するシルバースキンが煙と埃と合わさって燻製状態になる。

「埃や汚れ、シルバースキンがコーヒーの品質や味に影響を及ぼさないはずがありません。淹れたコーヒーが冷めたときの濁りやエグミの元にもなります。豆の表面に傷があればそこから濁りの元が豆に入ってしまいます。埃とシルバースキンを取り除くことが洗浄の目的です」と石川氏。

野菜はまずきれいに洗ってから調理する。同じ農作物なのに、コーヒー豆は汚れたまま調理している。おいしさの面からも安全の面からもきれいなほうがいい。「洗う作業」から、コーヒーも調理ではないかと考え、石川氏は自らを「コーヒー料理人」と名付けた。

オアシス珈琲有限会社代表取締役社長・石川高信氏

世界で唯一のコーヒー豆洗浄方法

「コーヒー生豆をなんとかきれいにしたいと、いろいろなところへ赴き情報を収集しました。そのなかで、お米関連の機械を総合的に製作している会社を訪問して、選別機器でテストをしてもらったことがありました。担当者の方といろいろお話をしたのですが、『コーヒー豆をきれいにするような装置の開発をする予定はない』ということでした。コーヒー豆の産地は開発途上国がほとんどなので、機械設備の製造・販売は採算的に難しいというのです。これは自分でなんとかするしかないと思いました」(石川氏)。

石川氏は試行錯誤の末、洗浄を思いついた。全自動の洗濯機を2台購入し、毎日、さまざまに条件を変えて洗浄を行った。お客様に洗浄していることを告げずに味の評判を聞いて、さらに試行を繰り返し、洗浄の精度を高めていった。

独自の洗浄法が見えてきたので特許を取りたいと考え、弁理士に相談する。東京まで行って説明したところ特許取得の可能性ありと判断され、弁理士から「豆を洗浄した排水の濁度を測定してください」と要請された。会社に戻った石川氏は、産地別の生豆の排水濁度を測定して弁理士に報告した。濁度120度〜300度と、洪水の濁度が60度であるのに比べて2倍〜5倍汚れていた。こうして出願の骨格ができて、出願に至った。

「改めて測定し、数値を確認すると生豆の汚れが一目瞭然で、数値化することの必要性を認識しました。また、数値化によって、コーヒー豆の産地別に必要な洗浄時間の設定がラクにできるようになりました」(石川氏)。

官報に「特許出願中」と公表され、審査結果が出るまでの3年くらいを目処に、石川氏は洗浄機を選び、スムーズな工程を模索するつもりでいた。ところがわずか8カ月で特許が下り、石川氏は急ぎ洗浄機を求めて展示会等を回る。

コーヒー豆は、産地で天日乾燥される。洗濯機以上に、強力な力を加えないと汚れが取れない。豆の性質上、水に浸ける時間は短くしたい。コンクリートミキサーにインバーターを付ける方法で汚れは取れる。しかし、きれいになった豆を取り出し、脱水・乾燥までの工程をスムーズに移行することが課題だった。

この課題を解決する方策はなかなか得られず、「ここで見つからなかったら、これは後の課題として前に進もう」と思いながら訪れたのが東京・ビッグサイトの展示会だった。一日中見て回り、やはりだめかと出口に向かって、ふと振り向いた瞬間に「ホース」が目に入った。

導かれるようにブースを訪ねると新潟県の機械メーカーで、見えたのは洗米機のホースだった。「これで『豆が洗えますか』と問うと、洗浄方法の説明をしてくれました。聞いている途中で私は導入を決めました」と石川氏は言う。これが現在の洗浄機を生むことになるU社との出会いだった。

ジェット水流で豆の表面に付いている汚れ分を剥離して、気泡に包み込んで隔離する。汚れを包みこんだ気泡はサイクロン効果により上部の排水口へ流れ、洗浄された豆は洗豆タンクの下部に沈む。

新潟へコーヒー豆を持ち込んで何度も実験を繰り返し、洗浄するジェット水流の水圧を決めるポンプの容量を決め、コーヒー豆洗浄専用機に改造してもらった。

こうして、一回に30キログラムのコーヒー豆をわずか10分で、洗浄・濯ぎ・脱水まで一貫して行う能力を持つ、オーダーメードのコーヒー豆の洗浄機が完成した。

今、オアシス珈琲には、この世界で唯一のコーヒー豆の洗浄機とともに、20キログラムの豆に対応できる熱風の焙煎機と30キログラム対応の直火式焙煎機、および2台のドリップバッグの充填機械を備えた「きれいなコーヒー」の生産システムが整備されている。

この設備で、「きれいなコーヒー」の生豆、焙煎豆、ドリップバッグ、コーヒーエキスが商品化されている。

オアシス珈琲のコーヒー豆洗浄機のしくみ

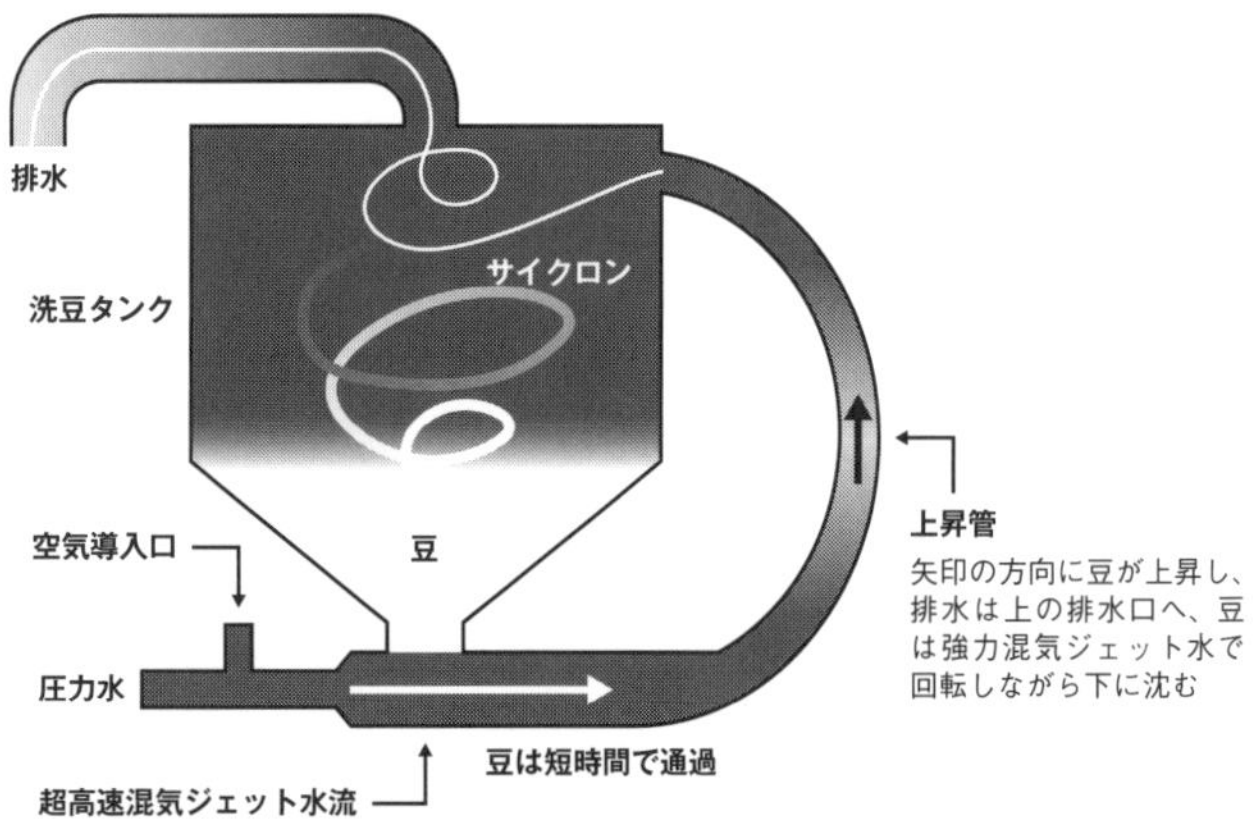

誰でもおいしく淹れられる「カッピングピッチャー」

コーヒーの味わいはアイスコーヒーを淹れるとよくわかるという。石川氏は長年、苦みのおいしいアイスコーヒーを追求していた。

「シロップを入れると一番わかりやすくて、『きれいなコーヒー』で淹れたアイスコーヒーは口に含むと苦みと甘みが別々に感じられます。苦みがシロップに負けないし、シロップのクリアな甘みも保たれるので、スキッとしています」と石川氏は自信をのぞかせる。

コーヒーの味は、技術が9割といわれる。納得できるおいしいコーヒーは、焙煎技術はもちろん、挽き目や抽出温度のバランス、そして抽出技術も大切で、そのすべてが整わなければならない。ドリップコーヒーの場合は、お湯をじょうずに注ぐのが難しい。

石川氏が創出したカッピングピッチャーはドリッパーの内側にらせん状に畝《うね》を付けてある。お湯の注ぎ方に技術がなくてもお湯を真ん中に注ぐと、抽出液がらせん状に流れる効果によって、上から細い線で落とすのと同様に抽出口へ流れる設計になっている。

「カッピングピッチャーは磁器でつくろうと、佐賀県窯業技術センターから、有田焼の窯元を紹介してもらいました。私の手書きの図面と3Dプリンタで作成した現物を元に始めたのですが、焼き物づくりは容易ではなく、さらに試作中にも、ドリップから落ちる抽出口の大きさ、らせん状に回る角度と段数などに課題が見えるなど、困難を極めました」と石川氏は多くの人の協力があって完成できたと感謝を込める。

　カッピングピッチャーは、上部にフィルターを置いてコーヒーの粉を入れ、ドリップし終えたら、フィルターを乗せたまま注ぐことができる容器。テーブルで淹れて、そのままコーヒーカップに注いでサービスすることができる。

　大と小の2サイズの製品が完成し、販売を開始した。従来からのオアシス珈琲のお客様、飯塚市のイオンのショッピングセンターに開設しているオアシス珈琲直営の店舗で始めたカッピングピッチャーでのサービスが好評を得て、現在は通販でも人気商品になっている。

「これに合わせてコーヒーバッグ『トリプルコーヒー』をつくりました。トリプルコーヒーはその名の通り、3通りの抽出ができるバッグです。カッピングピッチャーを使ってドリップで淹れるほか、水出し、お湯出しができます」(石川氏)。

カッピングピッチャー

励まされた、忘れられない5つの言葉

時間は少し遡り、洗浄方法の特許を取得し、千葉県・幕張メッセで開催された展示会に、オアシス珈琲が出展したときのこと。ブースに「きれいなコーヒー」のサンプルをディスプレイし、コーヒーマシンを設置して、試飲できるようにして来場者を迎えた。

ここで、石川氏は出会った5人の人物から印象深い言葉と重要なヒントを与えられる。

1人目はマシーンを設置してくれた世界的に有名なコーヒーメーカーの人だ。「今まで関東方面で何万台と設置したけれども、こんなきれいな泡は見たことがない」と、クリーマーによる泡立ちに驚き、試飲して味の良さを絶賛してくれた。

2人目は、中堅の焙煎業者（ロースター）の課長。展示してある、透明な袋に入れた焼き豆のサンプルを見て、「豆の色合いがきれいですね」と一言。「きれい」を改めて確認させてもらった。

3人目はデパートの上級バイヤー。コーヒーを飲みながら「今まで世界中を回り、どこのコーヒーも飲めなかった意味がわかりました。これなら飲める」と感想を漏らした。

4人目は特許庁の人で、「商標をお持ちですか」と問われた。「このような良い事業をされているのなら、商標を取られた方がいいです」とアドバイスされた。

そして5人目は、コーヒーも製造している大手食品メーカーの役員。にこっと笑って、ガッテンとうなずいたときの笑顔。「コンビニの店頭で一杯点てのコーヒーサービスが始まったとき、その

笑顔が思い出され、コンビニよりもおいしいコーヒーをつくろうと闘志が湧きました」(石川氏)。

2010年代に一杯点てのコンビニコーヒーが導入された頃、コンビニは「専門店でも行っていない、渋皮を除去し、ていねいに商品を製造」と得意げな宣伝文句を掲げて、テレビや店内ポップで全国的な宣伝を行っていた。

「わが社で行っている製法を専門店でも行っていないとは、よくも言えたもんだと怒りがこみ上げ、弁護士に相談すべきかを悩んだ末、公共広告機構に『虚偽の広告ではないか』とファクスを送りました。機構からは何の返事もありませんでしたが、店内ポップは撤去されました。初心者でもおいしく抽出できるカッピングピッチャーをつくるきっかけになったのは、実はこのときです」(石川氏)。

「きれいなコーヒー」を商標に

石川氏は、展示会で出会った4人目の人物の助言を忘れなかった。「きれいなコーヒー」を商標登録する。

「こういう言葉で商標登録ができるかどうかわからないということで、娘の友人が描いてくれた私の似顔絵と合わせて申請したところすんなり通りましたので、その後2015年には『きれいなコーヒー』単体でも商標登録しました」と石川氏。

石川氏のコーヒービジネスは、焙煎したてのコーヒーを家庭に宅配しようというアイデアからスタートした。1986年、石川氏34歳。コーヒーは、肉・魚・野菜の生鮮三品に次ぐ四品目の生鮮食品で商機があるという考えから始めたものの、苦戦の連続だった。時代の先取りがあまりにも早く、少量のコーヒーを家まで届けてもらうのは気が引けると、定期購買者は思うように増えなかったのだ。

もともと石川家は、筑豊の中心である飯塚駅前にある「炭都マーケット」の中で惣菜業を営んでいた。飯塚市内に6店舗を展開し、筑豊一円の小売店にも卸していた。長男として生まれた石川氏も両親と共に働いていた。筑豊は、炭鉱最盛期には全国から人が集まり賑わいのある町だったが、炭鉱が姿を消すと人口が減少し、産業のない町に姿を変えた。それでも現在も飯塚市は、福岡市・北九州市・久留米に次ぐ人口12万8000人、

福岡県飯塚市にあるオアシス珈琲の工場直営店

県内4番目の都市だ。福岡市に近い利もあるのだが、青年だった石川氏は将来に不安を覚えていた。

将来は小売店の減少とともにスーパーやコンビニが惣菜売り場を直営で経営するときがきっと来る。何か新たな柱がほしいと模索していたとき、「コーヒーの輸入元に勤めていた幼馴染みからアドバイスをもらい、新鮮なコーヒーの宅配を、業界の斬新な販売方法と誇らしげにスタートしましたが、うまくいきませんでした」と石川氏は思い出を語る。

しかし、冒頭で紹介した通り、現在はオアシス珈琲のドリップバッグはインターネット通販で大人気。商圏は全国に及び、こだわりの強いコーヒー愛飲者のファンが多く付いている。

順風満帆のオアシス珈琲だが、石川氏は新たなプランを抱いている。「オアシス珈琲の専用のバッグ（トリプルコーヒー）とカッピングピッチャーとお湯があれば、かんたんにおいしいコーヒーを淹れることができます。製氷機があれば香り高いアイスコーヒーもつくれます。カフェ以外の事業体にもニーズがあるのではないかと思います。今までコーヒーの業務用取引は皆無でしたが、今後は開拓していきたいと思っています」。石川氏の新しいアイデアの実現が待たれる。

オアシス珈琲有限会社

▶住所

本社　福岡県飯塚市堀池133-9

TEL 0948-26-1555 ／ FAX 0948-24-5269

▶URL

https://www.oasiscoffee.co.jp/

設計・構造・工法を規格化
一度建てたら入居率98％が維持できる
RC造賃貸マンションブランド

ユーミーコーポレーション株式会社

You&Me Corporation

事業内容

中低層賃貸マンション建設、賃貸管理業務、フランチャイズ本部事業

企業価値

1）入居者第一主義を掲げ、低家賃、行き届いた管理と独自の入居者サービスという付加価値を提供、これにより高い入居率を維持している。

2）建設するマンションを規格化することで、ローコストで安定した品質、安定した納期を維持し、フランチャイズビジネスへと発展。

3）入居者にはよい住宅環境を、オーナーにはトラブルのないストックビジネスを、建設や管理の協力業者には安定的に仕事を供給する、三方よしのビジネスモデルを構築。

4）フランチャイズ加盟社には、建築提案から施工・管理・リフォームと賃貸経営をトータルにサポートし、加盟社との交流で新しいノウハウを共有する。

鉄筋コンクリート造賃貸マンションのブランド

ユーミーコーポレーション株式会社は、賃貸マンション「ユーミーマンション」の建設と不動産管理・仲介を主事業とする鹿児島県鹿児島市の企業だ。ユーミーマンションは中低層の鉄筋コンクリート（ＲＣ）造賃貸マンションのブランドで、全国に６７００棟８万３０００戸（２０１９年３月末現在）ある。これらは、ほぼすべて施主の依頼を受けて建設したものだ。

土地所有者を施主として、ユーミーコーポレーションがユーミーマンションを建設。引き渡し前から入居者を募集して、お披露目の日には満室御礼の垂れ幕が下がる。その後の管理もユーミーコーポレーションが引き受ける。こうして施主は、家賃収入を得る賃貸マンションのオーナーとなる。

コンセプトはＲＣ造、賃貸、ファミリー向けの３点。社名が弓場建設だった１９８０年に、鹿児島市伊敷町に1棟目を建設して以来、40年間変わらない。

営業展開は、直営の鹿児島本店、熊本支店、山梨支店、栃木支店、東京支店、佐賀営業所、霧島営業所のほか、63社68エリアが加盟するＦＣ（フランチャイズ）も定着している。

「私が駆け出し営業部員だった２０００年頃は、同業者から『弓場建設は建設会社ではなく不動産会社だろう』といわれたものです。『入居者第一主義』は当初からの理念ですから、名誉な批評と私は受け止めました。建設会社のお客様は施主ですが、施主の所有となる賃貸マンションの入居者を第一に考える。それが、ひいては施主のためにもなるのです。別会社だった賃貸管理・仲介事業を不動産事業部として合併して、2017年に商号もユーミーコーポレーション株式会社になって、名実ともに会社にとってお客様は、施主（オーナー）と入居者になりました」と語るのは、ユーミーコーポレーションの代表取締役・弓場昭大氏だ。

ユーミーコーポレーション株式会社の代表取締役・弓場昭大氏

下請けからの脱却

名高い大工の棟梁だった昭大氏の祖父・弓場静雄氏から引き継いだ弓場建設を、父の弓場静昭氏が有限会社から株式会社に改組したのは1975年。当時の弓場建設は工務店や設計事務所の下請けで、古家を壊して安い木造アパートを建てる仕事がほとんどだった。建設予算が低く、満足のゆく仕事ではない。もちろん賃金も安い。

そんな辛さを味わっていた1977年、静昭氏は、台風によって多数の住宅倒壊があったことを知って、沖永良部島に乗り込んだ。またたく間に1棟250万円で30棟の住宅建設を元請けとして受注したものの、地元の建築業者の協力を得られず、鹿児島から建材と職人を呼び集めて建設することに。そのため、1棟約1000万円の赤字が出た。当時総額3000万円の赤字は重く、静昭氏は倒産を覚悟し、最後に恒例の運動会を催した。自社と協力会社の社員、その家族が300人も集まって大盛会となった光景に、静昭氏ははっと胸をつかれた。この人たちを路頭に迷わせてはいけない、まだ何かできることがあるはずだ。

考え抜いて、RC造の賃貸マンションを自社で建設するプロジェクトに照準を合わせる。強度に優れたRC造は建設費が木造の1・5倍だが、台風や水害の多い鹿児島に適している。木造の1・3倍の家賃で供給できれば、顧客はRC造を選ぶだろうと予測した。時代はちょうど、団塊の世代が結婚して家庭をもち、子育てを始めるときを迎えていた。

弓場建設のある伊敷1丁目は、今でこそ鹿児島中央駅からバスで20分ほどの距離だが、当時は農地が広がっていた。静昭氏は地域の地主を訪ねて、賃貸マンション建設の営業を開始する。1980年9月、マンション建設をしたいという地主が一人現れた。

ところが、銀行が「融資額の2割相当は預金がなければ

50周年記念式典。左から弓場治子氏、弓場静昭氏、弓場昭大氏

応じられない」と条件を付けてきた。静昭氏は「その分をコストダウンする」と粘り強く交渉して、建材の仕入れ価、人件費とも切り詰められる限り切り詰めて2割のコストダウンを果たし、融資を得た。

この後、1棟目が順調に家賃収入を得ている様子を見て、近隣の地主たちも賃貸マンションに興味をもつようになり、建設棟数は伸び始めた。

第1棟を建設するに当たって静昭氏は、「ユーミーマンション」と命名し、建物の外壁にシンボルマークを付けた。これによってオーナーは違っても同じ会社が建設した賃貸マンションであることが知られるようになった。

「ユーミー」の意味は「まずあなた、そしてわたし」を幸せに、という思いを込めた「YOU&MEの理念」である。快適な住まいに賃貸で住める入居者の幸せ、現金収入を得るオーナーの幸せ、そして建物を建設するユーミーの幸せ、協力会社の幸せ。目指すは、関係するすべての人を幸せにする事業だ。

1986年、静昭氏は鹿児島市内の設計事務所・片平建築設計事務所（現・構造設計一級建築士事務所・片平設計）を訪ね、率直にRC造の中低層マンションの工法や構造とコストについて相談する。一級建築士（構造設計士）の片平守氏は、耐力壁で建物の荷重を支える壁式構造のほうが柱や梁で骨組みをつくるラーメン構造より強度があり、柱がない分内部が広くなると壁式構造を奨める。そして、3戸×3階建て、3戸×4階建てなど8種類の構造設計を行い、それぞれに建築費用の積算を出し、経済性比較を行った。その結果、ユーミーマンションのベースは4戸×3階建てと決まる。

当時は間取りを決めてから建物の枠組みを決めるのが普通だったが、コストパフォーマンスのよい構造を決めて、それに合わせて間取り設計をするという、逆転の発想だった。建てもしない建物の設計図と工費を出すために300万円をかけた。

規格化によって基礎工事に使うベニヤの使い回し、鉄筋の寸法の単一化、タイルの端物を出さないといった節減ができる。現在は、サッシ、ドア、浴槽なども規格を揃えて一括仕入れを行い、さらに建材や排水管等の設備材は、工場でカット・加工して、建築現場で組み立てるプレハブ化も取り入れている。設計用CADや構造計算ソフトも導入し、労働時間や工期の短縮なども含めて総合的なコストダウンを進めている。

全国に広がるユーミーマンション

静昭氏は伊敷の次に、鹿児島市の東部エリアに着目した。この2年ほど前から、JA（農業協同組合）が不動産事業においてアパート建設への融資に力を入れるようになっていて、鹿児島県JA東部支部の若手職員も、宅建免許を取って東部地区での融資を伸ばそうとしていた。弓場建設は、JAと協力して東部の谷山地域のJA組合員に、ユーミーマンションの建設営業を進め、約1億円の建物を年間10棟以上建設する状態が、10年も続いた。谷山地域は、人口が急増して小学校が1校から3校に増え、まちづくりのモデルとなった。

ＪＡが賃貸マンション融資に注力するのは、最初の10年間は国が利子補給金を支給するという「農地所有者等賃貸住宅建設融資利子補給臨時措置法」の優遇制度があることによる。

１９８５年5月に、ＪＡ熊本県経済連（熊本県経済農業協同組合連合会）が、谷山地域の成功に刺激されて、ユーミーマンションの見学ツアーにやってきた。その場でユーミーマンション建設を決める人が二人も出るほど好評で、スムーズにＪＡ熊本県経済連との協力が決まり、弓場建設は2カ月後、熊本営業所を開設した。建設現場を担う協力会社の体制もすぐに整い、熊本営業所の建設件数は初年度7棟、以後14棟、18棟と年々増えた。なかでも熊本県熊本市南区の田迎地区は１０１棟という記録的な数字を残した。

これだけの建設ができたのは、協力会社との強い結束があったからだ。

弓場建設には、静雄氏の時代から協力会社会があり、建材・設備の納入や建設・設備の工事などを担当する会社が集まって親睦を深めていた。静昭氏の代には、毎月第一金

完成したユーミーマンションに満室御礼の垂れ幕が下がるお披露目会

曜日に勉強会を開き、仕事内容の異なる事業者が互いに理解を深め、合理的な工法や手順を話し合い、工夫するようになっていた。そうなると、現場で自分以外の職人の仕事の手順に気を配ったり、手助けをする場面が増え、作業効率も上がった。

現在は各地で金曜会が持たれており、情報は全国で共有する。災害発生時などは、支援人員を融通し合うなど強い連帯感で結ばれている。それがマンションの品質の安定にもつながっている。

ＦＣが始まったのは、１９８６年。この頃には鹿児島と熊本で躍進するユーミーマンションは九州では知られる存在になっていたが、社員は十数人しかいない状態。それでも、全国版の雑誌に求人広告を出すなど、意識は全国に向くようになっていた。

ＦＣができたきっかけは、ユーミーマンションに興味をもった神奈川県平塚市の建築会社からの問い合わせだった。鹿児島まで静昭氏を訪ねてきて、ユーミーマンションの建設・管理のノウハウを質問し納得すると、ＦＣ加盟を申し出た。静昭氏はそのときはＦＣ展開を具体的には考えていなかったのだが、こうしてＦＣを始めることになった。

ＦＣ展開によるメリットは、ＦＣ加盟店にもユーミーコーポレーションにもある。

故障やトラブルが発生した入居者のための24時間コールセンター、損害保険の取扱い、太陽光発電設備等が必要な場合は本部に窓口がある。入居者サービスの季刊誌『ユーミーエイジ』は全ユーミーマンションの入居世帯に届けられる。季刊誌は本部も加盟社も、入居者の声を聴き、他県の取り組みを知ることで、営業や付加価値発掘のアイデアにも役立っている。1カ月に1回、事業部長会議、不動産部会議、経営者会議などを開き、本部ならびにFC同士に通貫するユーミーマンション方式を確認し、改善を図っている。

FC加盟社は2019年3月末現在、60社を数える。「FC加盟社は1県に4社くらいが適正だと考えています。もっとも鹿児島は本店のほかに5社ありますから、絶対ということはありません。100社に伸ばすのが当面の目標です」(昭大氏)。

活況のなかで負債22億円

ユーミーマンション建設開始から10年、社員数は50名、売上も17億円を超えて順調に成長を遂げていた弓場建設だったが、1990年の年末、資金繰りに行き詰まる。なんとか周囲からの援助を得て乗り切り、翌年には過去最高の売上を樹立する。しかし、これを機に、静昭氏の夫人治子氏が経理部に入社し、さらに元銀行員の米盛宏文氏を迎えた。

精査すると、営業が好調でも、22億円の負債があり、銀行金利の支払いに追われて、キャッシュフローがままならない実態が明らかになる。

そうしたなか、1993年に、現代表取締役の昭大氏が弓場建設に入社する。「入社して4年目に父に呼ばれて、初めて仕事の相談をされました。継ごうと心が決まったのはこのときです」と昭大氏は言う。

幸いにも昭大氏は、数字に強い。治子氏も米盛氏ももっぱら昭大氏に相談するようになり、長期借入金完済を果たしたのは２００６年。昭大氏は専務になっていた。

負債完済の翌年、静昭氏は朝礼で突然世代交代を宣言する。２０１２年5月17日の50周年記念式典に社長交代式を重ねて、昭大氏が代表取締役に就任。41歳になったばかりの新リーダーを内外の人びとが祝福した。

そのわずか2年後に、静昭氏が思いがけなく世を去る。突然の死は、関係者みんなの大きな悲しみだった。昭大氏は、改めて静昭氏の人徳を目の当たりにする。

「子どもの頃は、強くて豪快な父にあこがれていました。入社してからは、経理・財務がまったくだめという『欠陥』に苦労させられました。けれど、それ以上にすばらしい仕事をしました。一貫して事業を進化させ続け、ユーミーマンションという商品を創造し、顧客、社員、協力会社、ＦＣ加盟社すべてのみなさんとよい関係を結んできました。それがあるからこそ、私はユーミーコーポレーションを受け継いでいくことができています」と、昭大氏は言う。

「２０１５年の秋、地鎮祭で施主さんが『昭大くんだね、

鹿児島・錦江湾の花火見物に繰り出す入居者招待の納涼船

今回もありがとう』と声をかけてくださいました。32年前にユーミーマンションを建ててくださった施主のご子息でした。ありがたくて涙が出ました」と続ける。

昭大氏は、2019年、静昭氏が2002年に刊行した著書に手を加え、『お客様は神様ではない!〈改〉――ユーミーマンションを作った男の挫折と栄光の軌跡』を刊行した。書名は、お客様は「仕事を創るパートナー」であり、言われるままになる神様ではないという意味だ。

「父の人生と、父の思いを残したい。これから父を知らない社員が増えていきますので、ユーミーコーポレーションの根本の考え方を知ってほしいのです」(昭大氏)。

新たな賃貸の時代がやってくる

個人ユーザーの発信がインターネットで共有されるこれからは、ほんものが選ばれる時代。ユーミーマンションには有利に働く。

リノベイトして生まれ変わった築35年のユーミーマンション

入居者のニーズに合わせて設計も進化している。日当たりと風通しのよい向きに建物を建てることが原則で、内装は中間色でまとめる。収納スペースを多く取り、とくにシューズボックスが大きい。ベランダが広いことも好評だ。

「近年は、生涯賃貸派という考えの家族も多くなって、広めのユーミーマンションへの住み替え需要が出てきました。家に求めるものが変わって来たように思います」(昭大氏)。

持ち家より住居費負担が少ない賃貸住宅に住み続けて、子どもが大きくなったら部屋数も必要になるから、あるいは夫婦二人になったら気軽に留守ができるコンパクトなほうがいいと、住み替える。賃貸マンションの利点は都市部以外にも広がっている。

２０１９年、ユーミーコーポレーションでは、本社に隣接する築35年のユーミーマンションをリノベイトした。外壁を新しくし、一戸一戸も設備と内装を一新して、２０２０年春にお披露目をする。

「ユーミーマンションも、いずれリノベイトして新たに入居者を募集する需要喚起が必要になるでしょう。そのテストケースです」。三代目、昭大氏の経営力が加速する。

ユーミーコーポレーション株式会社

▶住所

本社・本部　鹿児島県鹿児島市伊敷１丁目6-12

TEL 099-220-7850 ／ FAX 099-229-1999

▶URL

https://cp.you-me.co.jp/

中小企業が「我が社の価値を見つけ、正しく認識し、活用する」ために

一般社団法人企業価値協会代表理事
武井則夫

選ばれるべくして選ばれるための「違」

繁盛している企業、力強く継続している企業は、必ずお客様に選ばれる特徴的価値を持っているものです。結果として、お客様そして社会が特徴的価値を認め、その企業を生かしてくれているとも言えます。お客様に得難い何かを提供しているからこそ、他ではなく、その企業や商品サービスがお客様に選ばれています。それはつまり、お客様の立場に立って言い換えると、買う瞬間、瞬間において必ず何らかの理由があるからそれに決めているということなのです。

商品サービスの金額や購買や利用に関わる人の多少によって、お客様の購買行動は変わります。長い時間をかけて比較検討して選ぶこともあれば、無意識の中で一瞬にして比較して決断することもあります。基本的には、値段が高くて多くの人が関係する買い物では、多くの側面から比較検討をして決めます。企業での大型の設備投資を、個人であれば家の購入をイメージしてください。複数の人の意見が購入の決定に影響を及ぼすことになります。一方で、低価格ですぐになくなってしまうような商品を買う際は一瞬で決めることが多いものです。自分が飲む100円のドリンクを買う時に、何人もの意見を聞いて何日も何時間もかけて検討することはまずありません。

長い時間をかけてたくさんの人が検討して決める際も、一瞬で個人が購入する際も、どの場面でも「選ぶモノサシ」が、お客様の脳の中に存在しています。ですから、売り手となる企業がそのモノサシを知ったうえで、商品サービスを設計し、特徴的価値を創り出して伝えることで売上は大きく変わっていくのです。

モノサシは、購入する商品サービスによって当然ですが異なりますし、一つだけではなく複数のモノサシが絡み合うこともしばしばです。価格だけではなく、ベネフィット、機能、性能、効果、デザイン、素材、納期、接客、サービス、企業イメージ、ブランドイメージ、ステイタス、社会貢献、環境負荷、サステナビリティー、などなどたくさんのモノサシが存在します。

さらに、たとえ同じ商品を買うとしても、買う時間帯や場所によっても制約条件が生まれ、同じモノサシでは計れないということを押さえておかないといけません。たとえば、深夜・早朝でも開店している店舗は、ライバルが少ない状況でお客様を集めて売上を増やしています。深夜に働いてくれる人を確保するのも大変ですし、人件費も深夜割増が必要です。電気代も余計にかかります。それは不採算と考える店もあるでしょう。けれど、その店はそこを工夫して仕組みをつくり、店を開けています。極端な事例ではありますが、砂漠の中のオアシスでは1本のミネラルウォーターのボトルが100円ではなく1000円でも売れるかもしれません。砂漠という極度に乾燥した場所では、水は人の生死を分けるもの。そこから何十キロメートル先に次のオアシスがあるのかわからないような状況において、水の値段は言い値であってもおかしくない。次のオアシスで1本100円で売っていることをたとえ知っていたとしても、今この目の前で売っている1本1000円のミネラルウォーターが必要だから買うのです。

冬のスキー場の缶ジュースは50％くらい上乗せした値段だったりします。山の麓のスーパーマーケットに買いに行く時間と手間を考えたら、高い値段でも買うという判断基準になる。同じ商品であったとしても、場所で値段も価値も変わってきます。

私が企業の経営者であるみなさんにお願いしたいのは、自らの価値を十分に知ったうえで、勝てる時、勝てる場所、そして勝てる対象顧客で勝負することを仕掛けて欲しいということです。まず最初にご理解いただきたいのは、人が一人ひとり顔も性格も違うように、企業も商品サービスもそれぞれ違うということです。素晴らしい「違」を認識することが第一歩です。

お客様は、他と違うからこそ魅力を感じ、比べて選び納得するという喜びを味わうことができます。この「違っているからこそ惹かれる」というお客様の心情を忘れずにいてください。

あらゆる視点から「違」を掘り出す

「違」を認識するには、自社をあらゆる角度から眺めてみることです。たとえば、創業のきっかけ、大切にしている創業者の想い、経営理念、哲学、価値観、創業者の口ぐせ、事業の分野、事業領域、店舗や拠点の場所、歴史、業種、業態、商品サービス、つくり方、仕入れ方、売り方、周辺サービス、営業員、販売員、社風、体制、接客、制度、社会課題の解決支援、など企業はすべてそれぞれに違うものです。ありとあらゆる視点から、複合的に形成されている企業の価値を掘り出してみましょう。

私は、これまで何千社という中堅・中小企業を見てきましたが、残念なことに、ほとんどの企業は自らの特徴的価値を認識できていませんでした。私から見ると素晴らしい取り組みをしていると感じる企業であっても、経営者や幹部の方々は、自社にいくつも価値があると気づいていない企業が圧倒的に多いのです。中小企業ほどその傾向は強く、謙遜というのか、自虐的というのか、「うちは中小企業ですから、人様に誇れるような特徴なんてありませんよ」と口々におっしゃるのです。これは実にもったいないことです。自分たちにとっては「当たり前のこと」としてやっていることだからでしょうか、自社の独自性や素晴らしい価値を知らずに事業を行っている。気づいていないのですから、お客様に伝わるはずもありません。せっかく特徴的価値があるのに、過小に評価されることとなってしまいます。

そんな中小企業のみなさんに申し上げます。あなたの会社はあなたが思っている以上に高く評価される価値を持っています。それに気づいていないだけ、伝わるようにしていないだけです。この事実を知っていただきたいのです。

兎にも角にも、お客様や社会が自社に対して感じてくださっている特徴的価値を認識することが第一歩です。先に示したような数々の視点で、あらゆる角度から自社の個性と言える特徴的価値を改めて確認して欲しいのです。

その方法として、社員を集めてディスカッションをして書き出すことが有効です。その理由は、企業の上層部から社内通達で「これが当社の特徴的価値です。これを覚えて、お客様に伝えていってください」と出来上がったものを上意下達で社内に伝えるよりも、ディスカッションに参加した社員によって伝播するほうが効果的だからです。検討の経緯を知り、なぜそれらが他社とは異なる特徴的価値と言えるかを十分に分かっている人が「発信者」の役割を担ってくれるため、より正しく社内に広まります。

まず、社内に正しく伝わることが前提です。自社の特徴的価値を理解した社員たちがそれを今度はお客様や外部の関係者に伝えます。お客様には、価値を認めたうえで選んでいただけるようにするのです。

ではまず我が社の価値探しから。

「こんなことでも我が社の特徴的価値と言えるだろうか？」と半信半疑になるレベルのことであっても、「議論して書き出す」ことが肝要です。書き出して「形式知」にすることで、自社の特徴的価値の輪郭が浮き彫りになりますし、社内で共有できるようになります。

もし社内の議論で特徴的価値の候補もあまり出てこないようであれば、鏡となってくれる第三者の力を借りるのも有効です。私たちが、毎朝、鏡を見ながら身だしなみを整えるように、自分の眼では自分の姿は見えないものです。お客様の声や税理士・会計士、弁護士、社労士、コンサルタントといった、複数の企業を客観的に見る仕事をしている方々の意見は、価値の発見にとても参考になります。内部の人からすれば「いつも通り」「当社では当たり前」の取り組みだと感じているため、特徴的価値の候補にも挙がらなかったようなことが、世の中一般の尺度で見ると、とても独自性の高い稀少なことだったりします。それを自覚していないのです。

人は不思議な思考回路を持っています。プライベートではいろいろな企業のお客様である人も、ひとたび自分の会社の玄関を入ると、企業側の人、つまり売り手の思考回路に立ってしまうのです。出社前に立ち寄ったコンビニエンスストアでは、１００％お客様視点でその店や商品を比較して評価していたのに、自分の会社のことになると違ってしまう。置かれた環境と立場は人の思考を大きく変えてしまいます。

したがって、自社内で議論して出てきた売り手が考える自社の特徴的価値候補と、お客様から見た自社の特徴的価値の共通点が、真の特徴的価値と言うことができます。

お客様側の視点から見ると、売り手の想定とは異なるポイントに注目して評価してくれていたという事例は少なくありません。

最初にたくさんの特徴的価値候補の項目を書き出しておけば、売り手目線と買い手目線との共通点を確認する機会が来たときに役に立ちます。売り手の思い込みではなく、「お客様からどう見られているか」に気づくことです。それこそが買っていただける決め手となるのです。

もしも、経営者や社員が自分たちの素晴らしい特徴的価値を認識できず、それを消してしまうような経営をしてしまうことになったら、経営者にとっても、社員にとっても、お客様にとっても不幸なことです。

独自の販売方法で30年も40年もかけて培った自社の顧客層を持っているのに、近年急成長している市場の戦略に近づけて、せっかくつくりあげた特徴的価値を捨ててしまうようなことは、非常にもったいなく、残念でなりません。

自分の土俵で相撲をとること、そのうえで「新たに自分が選ばれる土俵を創ること」が経営の要点です。今ある安定を捨て去ってリスクを負うチャレンジをするのは賛成できません。

違を創る源泉「企業の考え方」

企業それぞれが持つ独特の考え方は、日本では経営理念、社是などと呼ばれてきました。経営理念とは、企業の考え方や価値観、そして社会的使命を明示するもので、自社の存在意義、目指す方向性、組織としての行動指針や判断基準を示すものまで、その範囲は広いものです。また社是は、会社が是つまり正しいとすることを表明した文言であり、社内外に向けた宣言のようなものです。ちなみに、これとセットのように言われるのが社訓です。この社訓は、社員に向けた行動規範のことです。

特に欧米ではMission、Vision、Valueと三つのセットで規定して経営が推進されています。

Mission（使命）は、自社はより良い世の中にするために何をもって貢献するのか。関わる社員、お客様および社会を惹きつけ動かす、企業の核心となる存在意義です。

Vision（将来像）は、ミッションが実現した姿です。目指す「ありたい姿」をわかりやすく社内外に示すことで何を実践していくのかを示します。

Value（価値観）は、自社の特徴を認識したうえで、社員が何を大切にして行動するのかの基準を示すものです。

自社の特徴的価値を確立した後も、企業はさまざまな進化の取り組みを続けるはずです。取り組みの提案から実施に至るまでにはあらゆる方向から検討されると思います。その判断において重要なのが、理念でありミッションです。自社の価値観を前提にすれば、経済動向や一過性のムーブメントに流されずに済みます。

また、人は考え方に共感、賛同して行動してくれるものです。特に金額が高い商品、自分の親や兄弟姉妹、そして子どもなど自分の大切な人に関わるサービスを選ぶ局面においては、企業の理念や思想を重要な判断材料として比較します。子どもの保育所や幼稚園を選ぶ際、育児理念、保育方針などの考え方は大きな選択基準となっているはずです。企業は、だからこそ自社の理念、哲学、思想に関することは、お客様が見聞きできるように前面に打ち出すべきなのです。特徴を示す最大のアピールポイントとも言えますし、それに裏打ちされることによって、企業の取り組みがお客様の理解を得、評価されるのです。

そうは言っても「理念だけでは飯は食えない」という声が聞こえてきそうですが、まったくその通りで、企業経営はお金がついて来なければ継続できません。

私は講演でよく渋沢栄一氏の有名な著書のタイトルを借りて「論語と算盤のバランスが大切です」と伝えています。論語＝理念、思想であり、算盤＝お金、利益ということです。このバランスにも企業の個性がにじみ出るものですし、極端にアンバランスな企業は将来が危ういと、私は見ます。

論語が強すぎて算盤が弱すぎるのではいけません。その逆の状態になっているのも問題です。理念そっちのけで、お客様をないがしろにする、金、金、金と顔に書いてあるような経営者や社員の企業は、お客様の満足よりも自分の懐の満足を優先するので、いずれお客様から選ばれなくなっていきます。

このところの社会の大きな潮流として、「論語＝理念、思想」の実践に対する注目が着実に高まっているのを感じます。このような状況を鑑みますと、改めて中国古典、孟子にある「先義後利」という言葉を思い出します。企業の存立にかかわる「大義」とは何なのでしょうか。誰のために、何のために事業をやっているのでしょうか。紀元前から伝わる孟子のこの言葉を深く噛みしめたいと思います。

このような企業の姿勢が価値判断基準の中心に据えられてきた背景は、社会の成熟化です。日本は経済成長のおかげで、安全であり物質的にも満たされてきました。物資がない時代は、とにかく生きるためのモノが必要でしたが、豊かになり物があふれ、選択できるようになると、人は理念や思想に賛同できる企業を選ぶようになるのです。品質も値段も同じような物であれば、考え方というモノサシの比重が、選択する頭の中で大きくなるということです。

世のため人のために役立つ商品、サービス、そして事業を創り出していく企業が以前にも増して求められていくのが、成熟化した社会の特徴であるとも言えます。

進化の方向性は決まっている

企業がこれから先の特徴的価値をいかに創造していくか、その指針となるのが世の中の進化の方向です。「先が見えない世界」などとも言われますが、実はこの方向は案外、掴みやすいものなのです。当たり前すぎてお叱りを受けるかもしれませんが、冷静に考えてみると、その当たり前に感じられるキーワードが、世の中の向かう先なのです。

より快適に
より早く
より簡単に
より楽しく
より美しく

より安全に
より割安に
より環境に優しく
より知りたい

そして「より幸福に」です。

この10個のキーワードが進化の中心なのです。誰しも、今よりも将来を不快にしたい、遅くしたい、難しくしたい、苦しくしたい、醜くしたい、危険にしたい、割高にしたい、環境を破壊したい、わからないようにしたい、不幸になりたい、とは思っていないはずです。それも人間の欲望は尽きないのですから、昨日より今日、今日よりも明日、より良い日にしたいものなのです。これは人に備わった本能とも言えることではないでしょうか。10個の「進化のキーワード」を今の自社の事業に重ね合わせて、次の商品サービス、事業を想像してみると、企業価値の方向が見えてきます。

広く知られた理論であるマズローの欲求段階説は、特徴的価値の進化に多くの示唆を与えてくれています。

ここで重要なことは、より下層の欲求が満たされていなければ、上層の欲求が満たされていたとしても、人は満たされていると感じないということです。

実はもう一つ重要な教えがあります。それは、下層の欲求ほど、満たされていなければそれを求める力が強いという点です。当然のことですが、人間はまずは「生き延びること」が最優先されますし、生き延びられる見込みがあれば、より安全で安心して暮らせる環境を求めます。優先順位は、下層の欲求ほど高く強いということです。

この視点は、事業を行う人々にとって、新たな事業を創造する際にヒントを与えてくれるものにもなります。世界を見渡してみて、より下層の欲求が満たされていない地域や分野はまだまだ存在していますし、出現しています。たとえ先進国と呼ばれる国であっても、上層の欲求のみを求めて事業が成り立っているわけではなく、下層の欲求を満たす事業のほうが歴史的に古くか

欲求段階説の図

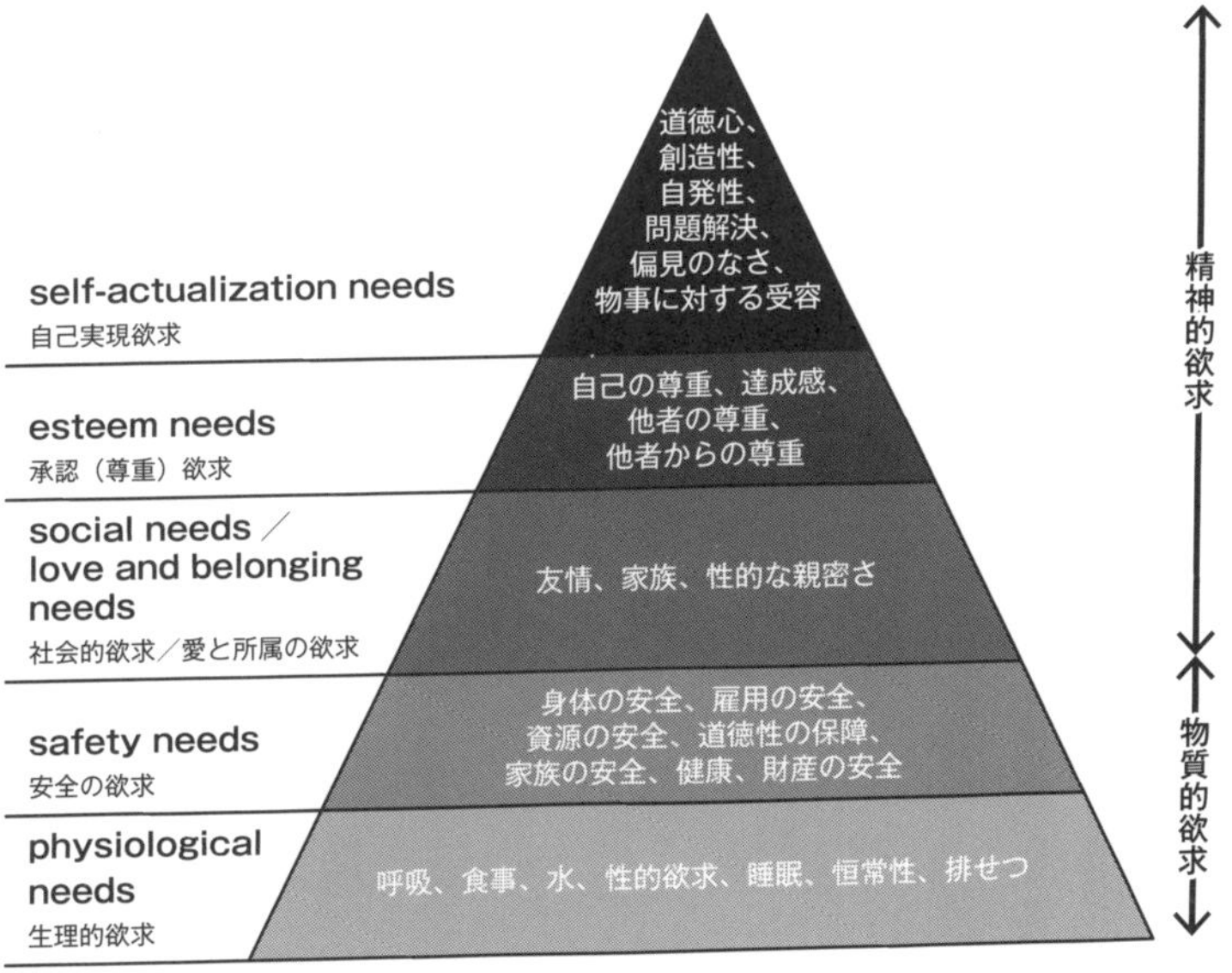

ら存在して普及しているだけであり、満たされているわけではない。科学技術の進化によって、下層の欲求を満たすもしくは改善することは少しずつ可能になっているとも言えます。

たとえて言うならば、自然災害の防災、減災、予知の分野は生命に関わる重大事であるため、要望は強く、人も政府もお金を使う優先順位が高い。災害の予測について考えてみるとどうでしょう。カメラやセンサー、通信技術の発達によって、30年前には不可能だったことが次々と実現しています。このような分野の事業の可能性は非常に大きいことがわかります。

住宅も科学技術のおかげで大きく進化しています。１００年前の家と今の住宅では、耐震免震の構造、強靭な基礎、耐火性の建材、煙探知機など、安全の側面だけ見てもあらゆる部分で大きく進化を遂げています。日本の住宅は、耐震基準も変わり、震度6や7でも倒壊しにくいよう耐震免震の機能を備えるようになりました。当然ですが、生きるためなのです。

自動車の安全機能もその進化は目覚ましいものです。馬や馬車に代わって誕生した自動車が、次々と新しい技術革新によってより速く、より強力に、より安全に、より快適になっています。今ではあらゆるタイプの安全補助装置をメーカー各社が打ち出し、一般ドライバーのスタンダードになっています。その恩恵で、自動車事故による死者数は大きく減少しています。そして、これからは安全な自動運転が当たり前になろうとしています。ものすごい進化です。

医療の分野も大きく進化を遂げています。１００年前に不治の病と言われた病気でも今では高い確率で治せるようになったものが数多くあります。昔は助からなかったような病気や怪我であっても、検査技術の向上、手術の機器と方法、薬の進化で「治せる」という希望を得られるようになりました。

マズローの欲求段階説にある下層の欲求であっても、そこには大きな事業の可能性が存在していることがわかります。それを予見するには、50年100年それ以上の長い時間軸で過去と現在と未来を俯瞰する必要があり、加えて「地球儀でものを見る」つまり世界の大きな動きを捉える考察を、年に1~2回、定期的に私は行っています。

どの分野においても、50年、100年さらには500年1000年というスパンで俯瞰してみると、科学技術の進化によって我々の「当たり前」の基準が大きく変化していることを確認できると思います。特に科学技術の進化のスピードは指数関数的と言われ、時間とともに正比例して進化するのではなく、二次関数のように加速度的に進んでいくものです。つまり、過去から現在までの進化のスピードと比べ、現在から未来への進化スピードは倍々ゲームのようなスピードで我々の住む世界に現れるということなのです。

進化した科学技術が普及することによって、お客様や社会における「当たり前」の基準も変わります。それに合わせて企業が提供する価値も科学技術が関係するものは変えていかないと、お客様にそっぽを向かれてしまいます。

進化の方向性や欲求段階説に加えて、近未来を知るためには、未来を描いた映画、漫画、アニメがとても参考になります。これらは世の中の進化の先を示す青写真のようなものなのです。娯楽と軽く見ずに「事業の将来像を掴む」視点で見ると、複数の作品に共通して描かれている未来の姿は、科学技術の向かう方向に重なるのです。

それは、1950〜1960年代に手塚治虫氏が「鉄腕アトム」で描いた世界のなかにあったことが、今、既に現実のものとなっていることからもわかります。電話は無線になり、画面で顔を見ながら会話することができる。端末でありとあらゆることができてしまう。今の私たちの手元に存在する道具は、漫画のなかでは夢の未来だったのに。未来像は、誰かの頭の中で想像され、人に伝播し、実現に向かって人々が行動して世に生まれ、我々に恩恵をもたらします。

次の「違」を創る視点〜サービス業化〜

長い時間軸と広い視点で将来を俯瞰することで、ぼんやりであっても将来の方向性が見えてきたら、これから先、自社が具体的に何に取り組んで特徴的価値を創造していくかを探っていきましょう。現代社会は、モノがあふれ、似たような商品やサービスが次々と生まれています。さらに情報網が急激に発達したため選択肢の情報が爆発的に増えました。これらの理由によってお客様にとっては選びにくい時代になったとも言えます。情報がありすぎて、自分にとって最適な決断をするのに迷いが生じるということです。これも成熟化社会の一面なのです。このような経営環境において、中小企業が対応していく一つの方法が「サービス業化」です。

物質としての商品の差別化がしにくくなっている業界では、特にサービスを付加することで違いを創ることを推進したい。また、サービス業が本業であっても、さらに別のサービスを組み合わせたり、逆に商品を組み合わせることで選ばれる特徴的価値を創り出していきます。

基本的な視点は、「モノ＋サービス」「サービス＋サービス」「サービス＋モノ」を模索し、現在の売りモノの上下前後左右３６０度周辺を考えることです。

ある建設機械メーカーは建設機械の情報を遠隔で確認するシステムを開発し、世界中で稼働する同じ建設機械にＧＰＳや通信システムなどを搭載することで、建設機械の位置情報や稼働状況をデータサーバに送信し、その収集したデータから、建機の現在位置、稼働時間や稼働状況、燃料残量、故障情報などを把握するサービスを提供しています。もし建機が稼働していないはずの時間にエンジンがかけられたりした場合、盗難の可能性があることからエンジンを止めるなどの遠隔制御も可能な仕組みで、モノ＋サービスを実現しています。

商社や小売業において、お客様の「目利き代行」という立ち位置は非常に魅力的な存在です。ＩＴの進化によって買う側は比較する情報がありすぎてベストな選択をすることが困難になってきました。顧客心理は「自分にとってより良い選択」がしたい。ところが、選択肢が多く、判断のモノサシが増えすぎたために、なかなか決めかねるという事態も起こっています。だから、その分野の専門家として「あなたには（あなたの会社には）こういう理由でこれがお勧めですよ」と提案する、コンサルティングのような販売方法も出てきました。

自動車業界では関連して車検、整備、板金、塗装そして保険、ローン、買い取り、レンタル、リース、洗車、運転手、運転代行その他たくさんのサービスが事業化されています。自動車の場合は、一つ一つの付帯サービスが一業界になるほど市場が大きいので、サービス化の視点として参考になります。

ある大手自動車メーカーは、部品のサプライヤー企業に対して自社が培ってきた製造技術、品質管理、工程管理、コスト管理の手法をコンサルティングサービスとして指導しています。大手だからできることというわけではなく、中堅・中小の製造業のなかにも、これと同様に自社独自のノウハウを業界内に指導している企業もあります。

百貨店やアパレルショップに服を着せて装飾するマネキンを製造販売している企業が、納品後の店舗担当者からの依頼でディスプレイを企画施工することまで提供するようになっています。マネキンを納めたお客様である店舗の困りごとを解決することが、一つの事業にまで成長し、マネキンの販売やレンタルと同額ほどの売上に成長しています。

お客様の代わりに、より上手にできること、より早くできること、より正確にできること、より効率よくできることを創っていくことも有効な特徴的価値になります。

技術職が主役の企業の中には、技術や接客を習得する学校を設立して人材の養成を行っているところもあります。美容界では、機器や化粧品のメーカーが指導員を育成する学校を持っていることはめずらしくありません。寿司チェーンでも職人育成を行っている企業があります。技術を身に付けたい人材を集め、自社のノウハウで養成し、採用もしていくシステムです。

ユーザーを対象に学校を開設して、自社商品の普及を図った例に、楽器メーカーがあります。音楽教室を開設して、愛好者を増やし、さらにファミリーコンサートなどを開催して演奏機会も提供する戦略です。

町の写真店が、七五三の記念写真の衣装をレンタルするサービスを提供して、貸衣装と写真撮影がワンストップでできる仕組みをつくったところから、「子ども写真館」という新たな業態が生まれました。お宮参りや誕生日の利用も増え、一年中繁盛する大チェーンを展開し、後発業者も続々と誕生しました。

これらは一例にすぎません。注目されている企業の事業構造、組み合わせを分解して観察すると、組み合わせ方に企業の特徴的価値が表れていることが多々あります。

なお、サービスを発案するときは、できるだけ「有料」でお客様から対価をいただくことに挑戦すべきです。「お客様サービス」を無償で提供して受注を有利にしている企業に、私は、無償でやってきたサービスをメニュー表に書いてお客様に配ることを推奨しています。ホームページでもメニューを表記します。営業員が注文を取るために貴重な時間を割いて手間をかけているのです。不思議なことに、書いていないと無料だったものも、書くとお代をいただくことができるものです。メニューとして書いてお客様に知らせることにより、そのサービスに対する注文も増えていきます。「ついでに御社がやってくれるのならば、そのサービスもお願いしたい」とお客様が言ってくださるのです。

もし「サービスがあるからあなたの会社から商品を買っているのだ。有料になるのならば買わない」ということになるようなら、そのサービスはそのまま、新しいサービスメニューを考案して有料に設定します。

サービス事業化のネタを見つける第一歩は、自社が商品やサービスを納めた後、お客様は何をしているのかを掴むことです。そのお客様がやっていることをこちらが代行できるかどうか検討するということです。次に、納める前にも必要な準備を代行できるかを探し出してみましょう。さらに、納品と同じタイミングで必要なモノやコトにも視線を広げます。できるだけ「お任せ」「丸投げ」をされることで、他社との違いを創り出すと同時に、粗利益の額を上げることが狙えます。それはまた、事業を一気通貫に近づける大きな一手となります。

これからさらに評価される社会的価値と経済的価値

経営を取り巻く環境の変化には大きく2種類あります。日本中、世界中がその方向に着実に動いているという長期的で大きな波。もう一つは、ブームと言われる短期間の小さく激しい波です。事業はこの二つの波を見極めながら舵取りをします。ブームに注目してそれに乗ろうとする経営は、とくに中小企業の場合大きな痛手を受ける危険性があるので注意です。急に上がったものは急に下がる。ジェットコースターのような経営は、永く続けたいという思想の中小企業には向いていません。そもそも中小企業は「社運を賭けてはいけない」のです。新しいことへの挑戦も「会社は絶対に潰さない」ことを前提に着手すべきことに限ります。

昨今、大きな波として捉えられているのが、社会課題の解決に関わる事業がより高く評価される価値観の方向に動いていることです。この社会課題の解決は、中小企業こそが事業の柱として取り組んでいける可能性を秘めています。本業で稼いだお金を社会貢献活動に回す、という大手企業に多い発想とは違い、事業そのもので直接、社会課題の解決に貢献するというのが中小企業です。

まず、今の事業のなかで社会課題と呼ばれていることの解決に、少しでも役立っていることがないかを再確認してみます。その視点としてＳＤＧｓに当てはめてみるのも一つの方法です。国連が２０１５年に採択し、日本も批准しているSustainable Development Goals（持続可能な開発目標）

国際連合広報センターウェブサイトより

目標1:貧困をなくそう
目標2:飢餓をゼロに
目標3:すべての人に健康と福祉を
目標4:質の高い教育をみんなに
目標5:ジェンダー平等を実現しよう
目標6:安全な水とトイレを世界中に
目標7:エネルギーをみんなに　そしてクリーンに
目標8:働きがいも 経済成長も
目標9:産業と技術革新の基盤をつくろう
目標10:人や国の不平等をなくそう
目標11:住み続けられるまちづくりを
目標12:つくる責任　つかう責任
目標13:気候変動に具体的な対策を
目標14:海の豊かさを守ろう
目標15:陸の豊かさも守ろう
目標16:平和と公正をすべての人に
目標17:パートナーシップで目標を達成しよう

は、17の目標、169のターゲット、232の具体的な指標を設定しています。

この世で事業を行っている企業は、すべてが必ず17のどれかに関わっています。そのなかに関連する169のターゲットを眺めれば、自社の事業との関連がきっと見つかります。

既に事業のなかでこの目標に貢献する活動を推進している企業は、それを正しく社内外に発信しているかを、振り返ってみます。伝わっていなければ、やっていないのと同じようなものなのです。素晴らしい活動をしていることを、社員にも、お客様や社会にも大いにアピールすることに、企業のさらなる発展と継続があります。

自社の特徴的価値を、意識し、事業に活用するプロセスの繰り返しが、企業の進化発展につながると信じます。

武井 則夫（たけい のりお）

一般社団法人企業価値協会代表理事。株式会社リアルM代表取締役。サスラボ株式会社代表取締役。

1970年東京都出身。早稲田大学卒業後、三菱レイヨンにて化繊製造工場と海外営業部門を経験。その後、日本経営合理化協会に入協。セミナー企画の最前線に身を置き、数多くの経営者、一流コンサルタントと交流。2009年コンサルタントとして独立し、リアルMの代表となる。また、2012年（一社）企業価値協会を設立し、代表理事として中小企業が持っている素晴らしい価値の発掘、世に広めるブランディング、増客と高付加価値化の支援を進めている。

著書に『選ばれる理由』（現代書林）、『「価値」で選ばれる経営』（PHP研究所）、『社長学全集 事業発展計画書の作り方』（牟田学らとの共著／日本経営合理化協会）、『お金だけでは計れない価値をつくりだす企業』（監修／ダイヤモンド社）がある。


お金だけでは計れない価値をつくりだす企業2

2020年4月1日　第1刷発行

監　修	武井則夫
発行所	ダイヤモンド社 〒150-8409　東京都渋谷区神宮前6-12-17 http://www.diamond.co.jp 電話／03-5778-7235（編集）　03-5778-7240（販売）
編集協力	サクセスブック社
装丁・本文デザイン	クニメディア株式会社
製作進行	ダイヤモンド・グラフィック社
印刷	新藤慶昌堂
製本	ブックアート
編集担当	中鉢比呂也

ISBN 978-4-478-11043-0